（漢）鄭　玄　注
（唐）賈公彦　疏

宋本周禮疏

第一二册

國家圖書館出版

第一二册目録

周禮疏卷第四十七

唐朝散大夫行大學博士弘文館學士臣賈公彦等撰

輈人爲輈 注輈車轅也詩云五楘梁輈 釋曰於三十工無輈人之官但車事是難故車官別主此職也云詩云五楘梁輈者秦詩引之者證輈是車轅之事彼注云楘楘歷録也梁輈輈上句衡也一輈五束束有歷録是也

輈有三度軸有三理 注目下事度深淺之數 釋曰云度深淺之數者四尺七寸之等是也

國馬之輈深四尺有七寸 注國馬謂種馬戎馬齊馬道馬高八尺兵車乘車軹崇三尺有三寸加軫與轐七寸又并此輈深則衡高八尺七寸也除馬之高則餘七寸爲衡頸之間也鄭司農云深四尺七寸謂轅曲中 釋曰知國馬謂種戎齊道者校人馬有六種下文有田馬

駑馬明此四者當國馬也廋人云馬八尺以上爲龍故鄭云高八尺云兵車乘車軹崇三尺有三寸者上文云兵車輪崇六尺有六寸軹崇三尺三寸方軫與轐四尺是也云餘七十爲衡頸之間也者案下文注衡圍一尺三寸五分寸之一頸圍九寸十五分寸之九并尺三寸與九寸爲二尺二寸衡圍五分寸之一於十五分寸之九當得十五分寸之三并頸圍十五分寸之九爲十五分寸之十二圍三徑一二十一寸徑七寸餘肓一寸十五分寸之十二一寸復分之爲十五分通前十五分寸之十二爲二十七徑得十五分寸之九此九分當爲馬頸低消之先鄭云深四尺七十寸謂輈曲中者此據輿以上而言故後鄭從之也

田馬之輈深四尺

注田車軹崇三尺一寸半并此輈深而七尺一寸半今田馬七尺衡頸之間亦七寸則軫與轐五寸半則衡高七尺七寸釋曰鄭以上文田車輪崇六尺有三寸軹崇三尺一寸半并此輈深四尺爲七尺一寸半加軫與轐五寸半揔七尺七寸

駑馬高七尺則七寸亦衡頸之間消之也知加軫與轐五寸半不七寸者亦約軹崇與兵車軹崇校寸半明軫轐亦校寸半也云田馬七尺者亦約瘦人馬七尺曰駥以其兵車乘車駕國馬明田車駥馬也以此約之明役車駕駑馬也

駑馬之輈深三尺有三寸 注輪軹與軫轐大小之減率寸半也則駑馬之車軹崇三尺加軫與轐四寸又并此輈深則衡高六尺七寸也今駑馬六尺除馬之高則衡頸之間亦七寸 釋曰鄭以田車之輪下於兵車乘車軹崇及軫轐皆校一寸半則駑馬是六尺之馬所駕之車又宜下故知輪轐軫轐大小之減率例一寸半與田車減兵車乘車同也是以鄭解駑之車皆減田車一寸半也若然衡頸之間同七寸著車雖有高下至於衡頸不得不同故下云小於度謂之無任衡頸用力是同是以不得有麤細

軸有三理一者以爲媺也 注無節目也 釋曰上文雖輈與軸並列輈有三度巳言

輈有三理未說故於此重起端序耳云一
者以爲美也者無節目是輈之美狀也
二者以爲久
也注堅刃也三者以爲利也注滑密軓前十尺而策
半之注謂輈軓以前之長也策御者之策也十或作七合七爲弦四尺七寸爲鉤以求其股股則短矣七非也
鄭司農云軓謂式前也書或作軋玄謂軓是軓法也謂輿
下三面之材輢式之所尌持車正也 釋曰云軓謂學式
式前十尺謂蘇曲中而策半之半之策則五尺丶矢言策者
策以御馬欲取策與輈長短相准合度之意也云十或作
七合七爲弦四尺七寸爲鉤以求其股股則短矣者七七
四十九四丈九尺四四十六丈六尺七七四十九又得四
尺九寸并之二丈九寸筭法以句除弦以二丈九寸除四
丈九尺仍有二丈八尺一寸在然後以求其股以二丈八
尺一寸方之爲五尺之方五五二十五用二丈五尺爲方
五尺也餘有三尺一寸皆以方一寸乘之得三百一十寸

方之三百寸得廣六寸長五尺中分之裨前五尺之方一廂得三寸前頭方三寸三三而九又用一寸之方九餘有一一寸之方一在揔得方五尺三寸餘方一寸以此言之則軌前惟有五尺三寸不容馬故云股則俎矣七非也云書或作軓玄謂軌是軌法也謂輿下三面之材輢式之所尌持車正也者若然經作軌字不爲軓先鄭以軌爲式前後鄭從古書軓不從軓者以軓爲法是定雖有少儀祭軌字爲車旁凡與此古書車旁已字雖異同是式前若作軌則不可軌謂徹廣轂末亦爲軌故少儀云祭左右軌軌即凡轂末考工經涂九軌軌即徹廣是軌不定故從軓也

任木注目車持任之材　釋曰此與下經爲目任木即下云任正以下是也任正者十分其輈之長以其一爲之圍衡任者五分其長以其一爲之圍小於度謂之無任釋曰

任正與衡任麤細不同者各有所宜故不同也是注任正
以云小於度謂之無任無任謂折壞不任用也
者謂輿下三面材持車正者也輈軓前十尺與隧四尺四
寸凡丈四尺四寸則任正之圍尺四寸五分寸之二衡任
者謂兩軛之間也兵車乘車衡圍一尺三寸五分寸之一
無任言其不勝任　釋曰名任正者此木任力車輿所取
正以其兩輢之所樹於此木較式依於兩輢故曰任正也
云三面材者此木下及兩旁見面其上面託箸與板其面
不見故云三面材也云輈軓前十尺與隧四尺四寸凡丈
四尺四寸者以其經云輈則軓前輿下揔是輈故鄭通計
之一丈得一尺四尺得四寸四寸者一寸爲五分四寸爲
三十分得二分故云任正之圍尺四寸五分寸之二云衡
任者謂兩軛之間也者服馬有二一馬有一軛軛者厄馬
領不得出云兩厄之間則當輈頸之處貫九之所著也云
兵車乘車衡圍一尺三寸五分寸之一者田車之衡更無
別文亦應與兵車乘車同鄭特言此二者都無正文且據

尊者而言其田車之衡任亦當同也衡長六尺六寸五尺得一尺又以尺五寸得三寸又以一寸者為五分得一分故云衡圍一尺三寸五分寸之一也五分其軫間以其一為之軸圍注軸圍亦一尺三寸五分寸之一與衡任相應　釋曰上輿人云輪崇車廣衡長參如一則軫間即輿廣與衡長俱六尺六寸以六尺六寸五分取一與衡任同故軸圍亦一尺三寸五分寸之一與衡任相應也十分其輈之長以其一為之當兔之圍注輈當伏兔者也亦圍尺四寸五分寸之二與任正者相應　釋曰當兔謂輿下當橫軸之處亦通計輈之軓前及隧揔計一丈四尺四寸十分取一故輈之伏兔之處麤細之圍有一尺四寸五分寸之二與相應也參分其兔圍去一以為頸圍注頸前持衡者圍九寸十五分分寸之九　釋曰衡在輈頸之下其頸於

前向下持制衡軎之轅故云頸前持衡轅者也云圍九寸
十五分寸之九者以前當兔圍有一尺四寸五分寸二今
以一尺二寸三分之去四寸得八寸又以一寸者分爲十
五分二十爲三十分又以五分寸二者爲六分并三十分
爲三十六分三十分去十分得二十分六分者去二分得
四分揔得二十四分以十五分爲一寸仍有九分在添前
八寸揔九寸十五分寸之九也

五分其頸圍去一以爲踵圍

注踵後承軫者也圍七寸七十五分寸之五十一 釋曰輈後
承軫之處似人之足跗在後名爲踵故名承軫處爲踵也
還以上注九寸十五分寸之九計之取五寸去一寸得四
寸仍有四寸九分在一寸爲七十五分四寸爲三百分又
以十五分寸之九者轉爲四十五分三百分五分去一去
六十分得二百四十分四十五分者五九四十五爲五分
分得九分夫一九得三十六分井前揔二百七十六分還
以七十五分納寸取二百二十五分爲三寸添前四寸爲

七寸餘有五十一是以鄭云圍七寸七十五分寸之五十一也凡揉輈欲其孫而無弧深注孫順理也杜子春云弧讀爲盡而不汙之汙玄謂弧木弓也凡弓引之中參中參深之極也揉輈之倨句如二可也如三則深傷其力　釋曰言揉者以火揉使曲也欲其孫者欲使順理孫之云無弧深者無得如弓之深弓之深大曲也玄謂弧木弓也者見於三倉六弓皆是角及張者也易云弦木爲弓是木弓也云凡弓引之中參中參深之極也者弓之下制六尺引之引之三尺是中參深之極也云如二可也者六尺引二尺若然九尺得三尺則是弓一尺得三寸三分寸之一輈軏以前十尺國馬之輈深四尺七寸與二不指當者通計一丈四尺四寸并輿下數之故得二也二者輈摠長丈四尺四寸且取丈二尺得四尺餘二尺四寸復得八寸摠爲四尺八寸是國馬之輈猶不滿二之數也言二舉大而言今夫大車之轅摯其

登又難既克其登其覆車也必易此無

故唯輈直且無橈也 釋曰攻木之工有七輪人輿人造四馬車自上以來所陳者是也車人造大車柏車羊車是駕牛車自在下車人今於此說大車者但輈人造輈未爲四馬車輈因說駕牛者亦須曲橈之意是以下文云是故輈欲頎典已下還說四馬之輈也此一經說牛車輈不橈之意 注大車牛車也摯輖也登上阪也克能也 釋曰知大車牛車也者車人大車柏車皆牛車又下文云緧其牛故知牛車也

是故大車平地既節軒摯之任及其登阤

不伏其轅必縊其牛此無故唯轅直且無

橈也 注阤阪也故書伏作偪杜子春云偪當作伏 故登阤者倍任者也

猶能以登及其下阤也不援其邸必緧其牛後此無故唯輈直且無橈也 注倍任用力倍也故書緧作鰌鄭司農云鰌讀爲緧關東謂紂爲緧鰌魚字 釋曰云故書緧作鰌先鄭云鰌讀爲緧關東謂紂爲緧者案方言本紂自關而東韓鄭汝潁而東謂之爲緻或謂之爲曲綸自關而西爲紂云鰌魚字者破故書爲鰌也字猶名也既鰌是魚名明不從故書也

是故輈欲頎典 注頎典堅刃貌鄭司農云頎讀爲懇典讀爲殄駟車之轅率尺所一縛懇典似謂此也 釋曰此已下還說四馬車轅也先鄭云四馬之轅率一尺所一縛者此即詩五楘梁輈一也

輈深則折淺則負 注揉之大深傷其力馬倚之則折也揉之淺則馬善負之 釋曰揉之大深則如上弧深云馬倚之則折也者馬不倚深亦不折故以馬倚之乃折

云揉之淺則馬善負之者輈直似在馬背負之相似故善負之本或作若負皆合義不須改也

輈注則利準利準則久和則安

注故書準作水鄭司農云注則利水謂輈脊上兩注令水去利也玄謂利水重讀似非也注則利謂輈之揉者形如注星則利也準則久謂輈之在輿下者平如準則能久也和則安注與準者和人乘之則安　釋曰依後鄭讀當云輈注則利也準則久也和則安也利準不重讀先鄭依故書準爲水解之後鄭不從者輈轅之上縱不爲兩注水無停處故不從也後鄭云輈之揉者形如注星則利也者此無正文亦是後鄭以意解之輈之謂形勢似天上注星車之利也云準則久者準平也亦水之類故以準爲平解之云輈之在輿下者平如準者輈平輿亦平平則穩故得長久也云和則安注與準者和人乘之則安者注謂輈曲中以前準謂在輿下前後曲直調和則人乘之安穩安知據人者見下文云終日馳騁左不倦又云終歲御

衣衽不敝是安據人可知也

輈欲弧而無折經而無絶 注揉輈太深則折也經亦謂順理也　釋曰云輈欲弧而無折者案上文云孫而無弧深此云欲弧而無折者此欲得如弧無使折無使折則不弧深亦一也此云經而無絶即上文欲其孫亦一也故鄭云經亦謂順理也

進則與馬謀退則與人謀 注言進退之易與人馬之意相應馬行主於進人則有當退時　釋曰車是無情之物人馬則有情有情乃有謀今言車與人馬謀者若下文猶能一取皆是喻其利也故鄭云言進退之易與人馬之意相應云馬行主於進人則有當退時者馬之進退由人縱止恐策及之惟知其進故云馬行主於進人則有當退時去住自由路遠則倦故當有退時

終日馳騁左不楗 注杜子春云楗當讀爲蹇左面不便馬苦蹇輈調善則馬不蹇也書楗或作券玄謂券今倦字也輈和則久馳騁載在

左者不罷倦尊者在左　釋曰子春意據軍將乘車之法將在中央御者在左楗爲蹇澁解之四馬六轡在御之手而不在中央而在於左故云左面不便馬苦蹇輈調善則馬不蹇也云書楗或作券玄謂券今倦字也以爲尋常在國乘車之法尊在左御者中央故取上文和安解之言輈和則久馳騁載在左者不罷倦尊者在左者曲禮云乘君之乘車不敢曠左左必式注云君存惡空其位是尊者在左也　**行數千里馬不契需**　注鄭司農云契讀爲爰契我龜之契需讀爲畏需之需謂不傷蹄不需道里　釋曰云先鄭云契讀爲爰契我龜之契者詩之文也需讀爲畏需之需謂從易需卦之需　**終歲御衣衽不敝**　注衽謂裳也　釋曰禮記深衣續衽鉤邊者據在旁屬帶處至於問喪云扱上衽及曲禮云苞屨扱衽不入公門此皆據深衣十二幅要閒之裳皆是衽故此注云衽謂裳也　**此惟輈之和也**　注和安是

然也謂進則與馬謀而下　釋曰揔結上進則與馬謀已下四經四者皆由輈和上也輈和勸馬用力**勸登馬力**注往登**馬力既竭輈猶能一取焉**注馬止輈尚能一前取道喻易進**良輈環灂自伏兔不至軓七寸軓中有灂謂之國輈**注伏兔至軓蓋如式深兵車乘車式深尺四寸三分寸之二灂不至軓七寸則是半有灂也輈有筋膠之被用力均者則灂遠鄭司農云灂讀爲灂酒之灂環謂漆沂鄂如環　釋曰經云自伏兔不至軓七寸者是從內向外之言更云軓中有灂者灂謂漆則七寸外軓內乃有灂云伏兔至軓蓋如式深者伏兔銜車軸在輿下短不至軓軓即輿下三面材是也無伏兔處去軓遠近無文以意斟酌經云自伏兔不至軓七寸明七寸之外更有寸數故鄭云伏兔至軓蓋如式深也即引兵車乘車式深一尺四寸三分寸之二爲證此

數即上云隧四寸三分一在外以揉其式是也若然自伏
兎至軓亦一尺四寸三分寸之二如是輈輈之深入式下
半一尺四寸三分寸二有七寸三分寸一直言半有灂者
據七寸不言三分寸之一舉全數而言也言用力均者則
灂遠者用力均謂軓前十尺并入式下曲直皆用力則漆
入式下七寸是灂遠也先鄭讀灂酒之灂者讀從士冠禮
若不醴灂用酒之灂也云環灂謂
漆沂鄂如環者指謂漆之文理也 軫之方也以象地
也蓋之圜也以象天也輪輻三十以象日
月也蓋弓二十有八以象星也 釋曰此言總結上車及蓋
取象之意云軫之方也以象地也者據輿方而言不言輿
言軫者軫是輿之本故舉以言之云蓋之圜也以象天也
者即上輿人所造者也云以象星者星則二十八宿一面
有七角亢之等是也若㳂日月合會於其處則名宿亦名

辰亦名次亦名房也若不據
會宿即指星體而言星也注輪象日月者以其運行也日月三十日而合宿
釋曰云輪象日月者以其運行也日月三十日而合宿者
輪乃運行之物至於日則一日行一度一年一周天月行
十三度十九分度之七一月一周天又行一辰遂
及日而合宿是日月亦是運行之物故以輪象之龍旂

九斿以象大火也注交龍爲旂諸侯之所建也大火蒼龍宿之心其屬有尾尾九
星釋曰自此以下爲上造車車上皆建旌旂故因說旌
旂之義也然此巳下九斿七斿六斿四斿之旌皆謂天
子自建非謂臣下知者以此九七六四不與臣下命相當
故也若臣下則皆依命數然天子以十二爲節而今建九
斿七斿六斿四斿者蓋謂上得兼下也云交龍爲旂諸侯
之所建也者皆司常文此既非臣下所建而鄭引司常者
蓋取彼交龍以釋此旂因言諸侯亦建旂非謂此經論諸
侯事云大火蒼龍宿之心者書大傳云夏大火中可以種

柔兹及春秋火出皆此大火一也東方木色蒼東方七星畫爲龍故曰蒼龍日月季秋會於此星則曰宿角亢氐房心尾箕次此言之則曰心故云大火蒼龍宿之心也云其屬有尾尾九星者是九斿所象也言九斿若此正謂天子龍旂其上公亦九斿若侯伯則七斿子男則五斿大行人所云者是也

鳥旟七斿以象鶉火也

注鳥隼爲旟州里之所建鶉火朱鳥宿之柳其屬有星星七星

釋曰云鳥隼爲旟州里之所建司常職文州長中大夫四命里宰下士一命皆不得建此七斿之旟言州里建旟者亦取彼成文以釋旟非謂州里得建七斿也云鶉火朱鳥宿之柳其屬有星星七星者南方七宿畫爲鶉畫爲鳥火色朱日月六月會于柳故云宿之柳也云其屬有星星七星者月令云旦七星中是也不指七星言柳乃云其屬有星者當鶉火三星柳爲首故先舉其首後言其屬也若然上心與尾列辰心非尾之首亦舉心後言其屬尾者心爲大辰雖非本辰亦爲其首也

熊旗六斿以象伐也注熊虎為旗師都之所建伐屬白虎宿與參連體六星

釋曰云熊虎為旗師都之所建者亦司常職文云伐屬白虎宿與參連體而六星者西方六宿畫其虎金色白孟夏日月會則日宿參伐六星為上下是連體也師都鄉遂大夫也鄉大夫雖是六命即得建六斿遂大夫是中大夫四命即不得建六斿此亦謂天子所建也

龜蛇四斿以象營室也注龜蛇為旐縣鄙之所建營室玄武宿與東壁連體而四星

釋曰龜蛇為旐縣鄙之所建者亦司常職文縣正雖是下大夫四命鄙師上士三命即不得建四斿此亦謂天子自建也云營室玄武宿者玄武龜也有甲能禦捍故曰武水色玄孟春日月會故曰宿云與東壁連體而四星者營室是北方七宿室在東壁在西西壁而言東壁者據十月在南方壁在東故云東壁也此星一名室壁一名營室一名名水春秋云水昏正而栽是也一名完定之方中是也注

旌枉矢以象弧也 注覲禮曰侯氏載龍旂弧韣則旌旗之屬皆有弧也弧以張縿之幅有衣謂之韣又爲設矢象弧星有矢也妖星有枉矢者蛇行有毛目此云枉矢蓋畫之 釋曰云弧旌者弧弓也旌旗有弓所以張縿幅故曰弧旌也云枉矢者謂旌旗張縿弓上亦畫枉矢於上云以象弧也者象天上弧星弧星則矢星也引覲禮侯氏載[illegible]弧韣而云旌旗之屬皆有弧者案司常云全羽爲旞析羽[illegible]爲旌則無縿幅可張而云旌旗之屬皆弧者此二者無弧而云之屬者舉衆而言謂若司常注云九旗之帛皆用絳[illegible]亦舉衆而言也云有衣謂之韣者韣韜也以衣韜其弓謂之弓韜月令帶以弓韣是也云又爲設矢象弧星有矢也者天上弧星有枉矢即引孝經緯枉矢者蛇行有毛目也云枉矢蓋畫之知畫之者以其弓所以張幅幅非弦不可著矢故畫於縿上也案孝經援神契云枉矢所以射慝[illegible]輕考異郵曰枉矢狀如流星蛇行有毛目矢文志曰枉矢類大流星蛇行而蒼黑長數

凡攻金之工築氏執下齊冶氏執上齊鳧氏爲聲㮚氏爲量段氏爲鎛器桃氏爲刃

釋曰此經與下爲目云築氏執下齊冶氏執上齊者據下文六等言之四分已上爲上齊三分已下爲下齊築氏爲削在二分中上仍有三分大刃之等亦是下齊若然築氏於下齊三等之內於此舉中言之鳧氏爲聲案鳧氏爲鍾此言聲者鍾類非一故言聲以包之故注云聲鍾錞于之屬桃氏爲刃案下文桃氏爲劍此言刃變言之者亦是劍類非一故注云

注 多錫爲下齊大刃削殺矢鑒燧也少錫爲上齊鍾鼎斧斤戈戟也聲鍾錞于之屬量豆區鬴也鎛器田器錢鎛之屬刃大刃刀劍之屬

釋曰云多錫爲下齊者據下文叅分其金而錫居其一謂之大刃之齊云削殺矢者即下文云五分其金而錫居二謂之削殺矢之齊是也云鑒燧也者即下

文金錫半謂之鑒燧之齊是也云少錫爲上齊鍾鼎斧斤戈戟也者即下文四分其金而錫居一謂之戈戟之齊已上皆是上齊若然梟氏入上齊桃氏入下齊其㮚氏爲量段氏爲鎛器亦當入上齊中云量豆區鬴也者左氏傳晏子云齊舊四量豆區釜鍾四升爲豆四豆爲區各自其四以登於釜釜十則鍾云鎛器田器錢鎛之屬者詩云庤乃錢鎛注云錢銚鎛鎒是也云刃大刃刀劒之屬者桃氏爲劒及刀皆大刃也

金有六齊注目和金之品數六分其金而錫居一謂之鍾鼎之齊五分其金而錫居一謂之斧斤之齊四分其金而錫居一謂之戈戟之齊參分其金而錫居一謂之大刃之齊五分其金而錫

居二謂之削殺矢之齊金錫半謂之鑒燧之齊 釋曰上文築氏執下齊冶氏執上齊今於此文戈戟之齊在四分其金而錫居一之中則此已上六分其金與五分其金在上齊中參分其金已下爲下齊中可知其斧斤在上齊上齊中惟有冶氏造戈戟則斧斤亦當冶氏爲之矣 注鑒燧取水火於日月之器也鑒亦鏡也凡金多錫則刃白且明也 釋曰云取水火於日月之器也者司烜氏職文云凡金多錫則刃白且明也者據大刃已下削殺矢等鑒燧入且明之內

築氏爲削長尺博寸合六而成規 注今之書刀 釋曰鄭云今之書刀者漢時蔡倫造紙蒙恬造筆古者未有紙筆則以削刻字至漢雖有紙筆仍有書刀是古之遺法也若然則經削反張爲之若弓之反張以合九合七合五 欲成規也此書刀亦然馬氏諸家等亦爲偃曲却刃也

新而無窮注謂其利也鄭司農云常如新無窮已敝盡而無惡注鄭司農云謂鋒鍔俱盡不偏索也玄謂刃也春也其金如一雖至敝盡無瑕惡也

冶氏爲殺矢刃長寸圍寸鋌十之重三垸

注殺矢與戈戟異齊而同其工似補脫誤在此也殺矢用諸田獵之矢也鋌讀如麥秀鋌之鋌鄭司農云鋌箭足入稾中者也垸量名讀爲九　釋曰云殺矢與戈戟異齊而同其工者案上文戟在上齊內殺矢在下齊中是異齊今此同工不可也云似補脫誤在此也者案下矢人自造八矢殺矢彼已有此亦有是彼脫漏有人於彼補脫訖更有人補於此是誤在此也云殺矢用諸田獵之矢也者司弓矢職文先鄭直云垸量名讀爲九者其垸是翢㒳之名非斛量之號又讀爲九未知欲取何義後鄭引之在下者以其垸之度量其名未聞無以破之故引之在下也

戈廣二寸內倍之胡三之援四之釋曰戈廣二寸者據胡寬狹云內倍之者據胡下柄入處之長胡三之據胡之長援四之據最上刺刃之長也注戈今句孑戟也或謂之雞鳴或謂之擁頸內謂胡以內接柲者也長四寸胡六寸援八寸鄭司農云援直刃也胡其孑釋曰據此上下文戈與戟別而鄭云戈今句孑戟戈戟共爲一者據漢法而言漢時見胡橫之句孑戟云或謂之雞鳴者以其故似雞鳴故也云或謂之擁頸者以其胡曲故謂之擁頸有此數名也云內謂胡以內接柲者即柄也

已倨則不入已句則不決長內則折前短內則不疾釋曰此經論戈之所用主於胡故此經言胡之四疾之事注戈句兵也主於胡也已倨謂胡微直而邪多也以啄人則不入已句謂胡曲多也以啄人則劒不決胡之曲直鋒本必橫而取圓於磬折前謂援也內長

則援短援短則曲於磬折曲於磬折則引之與胡並鉤內
短則援長援長則倨於磬折倨於磬折則引之不疾釋
曰云戈句兵也者下文廬人云句兵欲無彈鄭注云句兵
戈戟屬是戈爲句兵以其有胡子故爲句兵也云主於胡
也者以胡爲主言此者欲見此經戈不說援專言胡之意
也此經已皆爲大也已倨謂胡頭大舒故云胡微直而邪
多也已句謂胡曲多者謂胡大橫也云以啄人則創不決
者橫則擁不割物故創不決也云胡之曲直鋒本必橫而
取圜於磬折者胡孑橫捷微邪向上不倨不句似磬之折殺
也云前謂援也者以其援在上故云前云內長則援短者
案上文內倍之四寸援曲之八寸並有定數若胡內長則
胡向上侵援援一無八寸故云內長則援短援短則曲於磬
折曲於磬折者由胡向上近援胡頭低胡頭低則胡曲於
磬折也胡既與援相近故援共胡並鉤並鉤則援折故云
折前也云內短則援長者胡內本四寸今胡近下爲之胡
下無四寸故胡上援則長踰八寸矣故云內短則援長也

云𤩽長則倨於磬折者以其由胡近下安之則頭許頭鋝則倨於磬折也以頭許故引之不疾**是故倨句外愽**注愽廣也倨之外胡之裏也句之外胡之表也廣其本以除四病而使用也俗謂之曼胡似此

釋曰此經爲除上四疾而生此文故云是故謂起上義也云倨之外胡之裏也者句之外胡之表者倨謂胡上句謂胡下倨與句皆有外廣故云倨之外胡之裏謂胡下近本增使廣句之外胡之表謂於胡上近本增之使廣若然則胡本上下俱寛自然合於磬折無上四疾而便用矣云俗謂之曼胡似此者由胡外廣而本寛曼胡然俗呼爲曼胡似此經所云者也案莊公四年左氏傳楚武王荆尸授師孑焉以伐隨注云孑句孑凡戟而無刃秦晉之間謂之孑或謂之鏔吳揚之間謂之伐東齊秦晉之間其大者謂之曼胡其曲者謂之句孑曼胡

重三鋝注鄭司農云鋝量名也讀爲刷玄謂許叔重説文解字云鋝鍰也今東萊稱或以大半兩爲鈞十鈞爲環環重六兩大半

兩鋝似同矣則三鋝爲一斤四兩 釋曰先鄭讀鋝爲
剛取音同後鄭引許叔重說文解字云鋝鍰也者尚書呂
刑有墨罰疑赦其罰百鍰及大辟千鍰許氏以此鋝與尚
書鍰爲一云今東萊稱或以大半兩爲鈞十鈞爲環環重
六兩大半兩鍰鋝似同矣者鋝鍰輕重無文故王肅之徒
皆以六兩爲鍰是以鄭引許氏及東萊稱爲證也云大半
兩爲鈞者凡數言大者皆三分之二爲大三分之一爲少
以一兩二十四銖十六銖爲大半兩也云十鈞爲鍰者鍰
則百六十銖二十四銖爲兩用百四十四銖爲六兩餘十
六銖爲大半兩是鍰有六兩大半兩也云鍰鋝似同矣者
此從許君之說

戟廣寸有半寸内三之胡四之援五之倨句中矩與刺重三鋝 注戟今三鋒戟也内長四寸半胡長六寸援長七寸半三鋒者胡直中矩言正方也鄭司農云刺謂援也玄謂刺者著柲直前如鐏者也戟胡横貫之胡

中矩則援之外句磬折與 釋曰鄭知此戟三鋒者見此經言援言胡又言刺又案上文戈廣二寸援及接柲長尺二寸胡長六寸重三鋝此戟廣寸半援及接柲亦長尺二寸胡長六寸狹於戈半寸亦重三鋝明知刺與援別爲三鋒矣云三鋒者胡直中矩言正方也者經云倨句中矩鄭云胡中矩則倨句不中矩謂援爲磬折故爲倨句也先鄭云刺謂援也後鄭不從者經上言援及胡下別言刺明刺與援別若不三鋒輕於戈不得同重三鋝也玄謂刺者著柲直前如鐏者也者謂於援胡之橫上中使出者也但長短無文蓋與胡同六寸乃可充三鋝之數也云戟胡橫貫之者胡六寸橫貫三寸直下三寸云胡中矩則援之外句磬折與者援七寸半亦以三寸爲橫稍舉之使不中矩以四寸半者向上爲磬折磬折向外故云外句言與者以經直言倨句中矩鄭以意分中矩於胡以倨句於援上爲磬折故云與以疑之也若然讀經倨句上屬必知三鋒胡向下者三鋒皆向上者無用故廬人注句兵戈戟屬也

桃氏爲劒臘廣二寸有半寸注臘謂兩刃　釋曰此劒兩刃與今同短則與今異言兩刃者兩面各有刃也兩從半之注鄭司農云謂劒脊兩面殺趨鍔　釋曰謂劒刃兩面殺趨鍔鍔卽鋒兩廂俱然故云兩也以其臘廣爲之莖圍長倍之注鄭司農云莖謂劒夾人所握鐔以上也玄謂莖在夾中者莖長五寸　釋曰二鄭意劒夾是柄莖又在夾中卽劒鐔是也倍上臘二寸半故五寸也中其莖設其後注鄭司農云謂穿之也玄謂從中以卻稍大之也後大則於把易制　釋曰先鄭云穿之謂穿劒夾內莖於中故云中其莖後鄭意設訓爲大故易繫辭云益長裕而不設鄭注云設大也周禮考工曰中其莖設其後故云從中以卻稍大之後大則於把易制也參分其臘廣去一以爲首廣

而圍之注首圍其徑一寸三分寸之二謂劍把接刃處之徑也臘廣二寸半參分去一釋曰此首廣二寸以寸爲六分二寸爲十二分半寸爲三分添十二爲十五分三分去一得十分取六分爲一寸餘四分名爲六分寸之四六分寸之四即三分寸之二故云一寸三分寸二也而圍之者正謂圍之故廬人皆以圍爲圍之也身長五其莖長重九鋝謂之上制上士服之身長四其莖長重七鋝謂之中制中士服之身長三其莖長重五鋝謂之下制下士服之注上制長三尺重三斤十二兩中制長二尺五寸重二斤十四兩三分兩之二下制長二尺重二斤一兩三分兩之一此今之匕首也人各以其形貌大小帶之此士謂國勇力之士能用五兵者也樂記曰武王

克商裨冕搢笏而虎賁之士說劍　釋曰知上制長三尺
者以其言五其莖長上文長倍之莖長五寸五其莖長二
尺五寸并莖五寸爲三尺也已下皆如此計之可知重三
斤十二兩者以其言九鋝鋝有六兩大半兩六九五十四
爲五十四兩九鋝皆有大半兩鋝别有十六銖爲百四十
四銖二十四銖爲一兩摠爲六兩添前五十四爲六十兩
十六兩爲一斤取四十八兩爲三斤餘十二兩故云重三
斤十二兩已外皆如此計之亦可知也云此今之七首也
者漢時名此小劒爲匕首也云人各以形貌大小帶之觧
經上士中士下士非謂三命爲上士之屬宜以據形長者
爲上次者爲中短者爲下士云此士謂國勇力之士能用五
兵者也者此司右文彼不言勇力之士用劒而言勇力士
者以樂記說劒之事知之故引之爲證也武王克商在軍
皆韋弁韋弁兵服克商還皆裨冕裨冕則五冕各以尊卑
服之而助祭於明堂虎賁
之士即勇力之士者以

鳧氏爲鍾兩欒謂之銑 注故書欒作樂杜子春云當爲欒書亦或爲欒

銑鍾口兩角 釋曰欒銑一物俱謂鍾兩角古之樂器應律之鍾狀如今之鈴不圜故有兩角也 銑間謂之于于上謂之鼓鼓上謂之鉦鉦上謂之舞 注此四名者鍾體也鄭司農云于鍾脣之上祛也鼓所擊處 釋曰云此四名爲鍾體對下角衡非鍾體也以于爲祛者以鍾脣厚褰祛然故謂之祛也 舞上謂之甬甬上謂之衡 注此二名者鍾柄 鍾縣謂之旋旋蟲謂之幹 注旋屬鍾柄所以縣之也鄭司農云旋蟲者旋以蟲爲飾也玄謂今時旋有蹲熊盤龍辟邪 釋曰後鄭舉漢法鍾旋之上以銅篆作蹲熊及盤龍辟邪辟邪亦獸名古法亦當然也 鍾帶謂之篆篆

閒謂之枚枚謂之景注帶所以介其名也介在于鼓鉦舞甬衡之閒凡四
鄭司農云枚鍾乳也玄謂今時鍾乳俠鼓與舞每處有九
而三十六　釋曰云帶所以介其名也者介閒也言四處
則中二通上下畔爲四處也舉漢法一帶有九古法亦當然鍾有兩面面皆三十六也于上之攠
謂之隧注攠所擊之處攠弊也隧在鼓中窐而生光有似夫隧　釋曰有二名者攠據所擊之處
攠弊若禮記云國家靡弊是也隧者據生光而言故引司
烜氏夫隧彼隧若鏡亦生光窐而生光者本造鍾之時即
窐於後生光
十分其銑去二以爲鉦以其鉦爲之
銑閒去二分以爲之鼓閒以其鼓閒爲之
舞脩去二分以爲舞廣注此言鉦之徑居銑徑之八而銑閒與鉦之徑

相應鼓閒又居銑徑之六與舞脩相應舞脩舞徑也舞上
下促以橫爲脩從爲廣舞廣四分今亦去徑之二分以爲
之閒則舞閒之方恒居銑之四也舞閒方四則鼓閒六亦
其方也鼓六鉦六舞四此鍾口十者其長十六也鍾之大
數以律爲度廣長與圜徑假設之耳其鑄之則各隨鍾之制
爲長短大小也凡言閒者亦爲從篆以介之鉦閒亦當六
今時鍾或無鉦閒　釋曰此鍾從鼓鉦舞三處上下爲十
六口徑十而言故鄭云此鍾口十者其長十六云鍾之大
數以律爲度廣長與圜徑假設之耳者案周語云景王將
鑄無射問律於伶州鳩對曰律所以立均出度古之神瞽
考中聲而量量以制度度律均鍾韋昭云均平也度律呂
之長短以平其鍾和其聲也據此義假令黃鍾之律長九
寸以律計身倍半爲鍾倍九寸爲尺八寸又取半得四寸
半通二尺二寸半以爲鍾餘律亦如是其以律爲廣長與
圜徑也此口徑十上下十六者假設之取其鑄之形則各
隨鍾之制爲長短大小者此即度律均鍾也凡言閒者亦

爲從篆以介之即所圖者是也云鉦間亦當六此經不言
鉦間故鄭言之以其鼓間六舞間四鉦間方六可知經不
言者可知故也今時或無鉦
間者見此經無鉦間故也　**以其鉦之長爲之甬**
長　注并衡數也　釋曰知并衡數以其衡不言其
長又以鉦長六爲甬長大長不類故并衡數也　**以**
其甬長爲之圍參分其圍去一以爲衡
圍　注衡居甬上又小　釋曰以自兩欒已上至甬皆下
寛上狹衡又在甬上故宜小於甬一分故三分去一
爲衡
也　**參分其甬長二在上一在下以設其旋**
注令衡居一分則參分旋亦二在上一在下以旋當甬之
中央是其正　釋曰上文惟以其鉦之長爲甬長并衡數
則未知衡與甬長短之定故云令衡居一分假令三分甬
居二衡居一一則於甬中央下有一分上通衡有二分故

云令衡居一分則參分旋亦二在上一在下以旋當甬之中央是其正𤰞謂上有二分下有一分也**薄厚之所震動清濁之所由出侈弇之所由興有說** 注說猶意也故書侈作移鄭司農云當爲侈 釋曰此鍾薄厚之所震動由鍾體薄厚出聲震動有石有播也云清濁之所由出者清濁據聲亦由鍾之厚薄云侈弇之所由與者由鍾口侈弇所與之聲亦有柞有鬱案與同病鍾有十等此但言薄厚侈弇者典同具陳於此略言其意言有意者即下云已厚已薄不得所之意是 **鍾已厚則石** 注大厚則聲不發 釋曰典同亦云厚聲石也 **已薄則播** 注大薄則聲散 釋曰典同云薄聲甄鄭云甄猶掉也與此聲播亦一也以聲散則掉也 **侈則柞** 注柞讀爲咋咋然之咋聲大外也 釋曰典同注云侈則聲迫筰出去疾此聲大外亦一也 **弇**

則鬱注聲不舒揚　釋曰典同注云聲鬱勃不出與此注不舒揚亦一也長甬則震

注鍾掉則聲不正　釋曰典同云薄聲甄甄猶掉也謂聲掉者據鍾形薄則聲掉此不據鍾體據甬長縣之不得所則鍾掉故聲不正也

是故大鍾十分其鼓間以其一爲之厚小鍾十分其鉦間以其一爲之厚

注言若此則不石不播也鼓鉦之閒同方六而今宜異又十分之一猶大厚皆非也若言鼓外鉦外則近之鼓外二鉦外一　釋曰云鼓鉦之閒同方六者據上圖可知言今宜異者此鍾有大小不同明厚薄宜異不得同取六也云又十分之一猶大厚皆非也若言鼓外鉦外則近之者鄭不敢正言是故云近之云鼓外二鉦外一者據上所圖鼓外有銑間乃銑外有二間鉦外唯一間就外中十分之一爲鍾厚可也

鍾大而短則其

聲疾而短聞注淺則躁躁易竭也鍾小而長則其聲

舒而遠聞注深則安安難息釋曰此二者於樂器中所擊縱聲舒而遠聞亦不可是以樂記云止如槁木不欲遠聞之驗也故鄭云深則安安難息也爲遂六分其厚以

其一爲之深而圜之注厚鍾厚深謂窒之也其窒圜故書圜或作圓杜子春云當爲圜釋曰此遂謂所擊之處初鑄作之時即已深而圜以擬擊也

㮚氏爲量改煎金錫則不耗注消湅之精不復減也㮚古文或作歷玄謂量當與鍾鼎同齊工異者大器釋曰言改煎金錫者如重煎謂之改煎也不耗耗減也故鄭云消湅之精不復減也玄謂量當與鍾鼎同齊工異者大器者案上文云鳧氏爲聲㮚氏爲量六等之中云六分其金

而錫居其一謂之鍾鼎之齊是上齊中不言㮚氏爲量在上齊中鄭以鳧氏爲鍾鍾鼎在上齊之中㮚氏爲量量是鍾類故知亦在上齊之中矣故云量當與鍾鼎同齊也云工異者鳧氏爲鍾不使鳧氏兼造量器大雖同齊使別工爲之

不耗然後權之齊注權謂稱分之也雖異法用金必釋曰云稱分之也者謂稱金多少分之以擬鑄器也云雖異法用金必齊者法謂模偃令爲兩箇驢即爲兩箇模是異法用金必齊者器之用金多少必須齊均也

權之然後準之注準故書或作水杜子春云當爲水金器有孔者水入孔中則當重也玄謂準擊平正之又當齊大小釋曰子春從故書爲水謂以水齊器後鄭不從者此金仍未鑄器何得已有器以盛水也後鄭以準爲平前經已稱知輕重然後更擊鍛金令平正之齊其金之大小也

準之然後量之注鑄之於法中也量讀如量人之量釋曰此量謂既準訖量金汁以入模中

鑄作之時也言量讀如量人之量者夏官量人直以量
地遠近及物多少此量是量金少多之事故讀從之也量

之以爲鬴深尺内方尺而圜其外其實一

鬴 注以其容爲之名也四升曰豆四豆曰區四區曰鬴
鬴六斗四升也鬴十則鍾方尺積千寸於今粟米法
少二升八之一分升之二十二其數必容鬴此言大方耳
圜其外者爲之脣 釋曰言量之以爲鬴者謂量金汁入
模以爲六斗四升之鬴云深尺内方尺者此據模之形狀
云圜其外者謂向下方尺者鬴之形向上謂之外遠口圜
之又厚之以爲脣云其實一鬴受六斗四升也云以其容
爲之名也者此量器受六斗四升曰釜因名此器爲鬴故
云以其容爲之名也云四升曰豆已下至則鍾左氏傳昭
三年齊晏子辭連引豆區釜鍾者以其四者皆量器之名
也云方尺積千寸者云方尺者上下及旁徑爲方尺縱橫
皆平破一寸一截一截得方寸之方百十截則得千寸也

又云於今粟米法者筭術有筭粟爲米之法故云粟米法此筭法方一尺深尺六寸二分容一石如前以縱横十截破之一方有十六寸二分容一升百六十二寸容一斗千六百二十寸容一石今計六斗四升爲釜以百六十二寸受一斗六斗各百爲六百六斗各六十六六三十六又用三百六十六斗又各二寸二六十二又用十二寸摠用六百七十二寸爲六斗於千寸之内仍有二十八寸在於六斗四升曰鬴又少四升未計入今二十八寸取十六寸二分爲一升添前爲六斗一升餘有十一寸八分又取一升分爲八十一分以十六寸二分一寸當五分十寸當五十分又有六寸五六三十又當三十分添前爲八十分是十六寸當八十也仍有十分寸之二當一分都并十六寸二分當八十一分如是十一寸八分於八十一分當五十九更得八十一分升之二十二分始得一升添前爲六升一升復得二升乃滿六斗四升爲鬴也

其鬴一寸其實一豆注故書鬴作骨杜子

春云當爲鬴謂覆之其底深一寸也　釋曰此謂　其耳
鬴之底著地者故子春云覆之其底深一寸也　釋曰此鬴之
三寸其實一升　注耳在旁可舉也
耳在旁可舉謂人以手指舉之處
云實一升亦謂　重一鈞　注重三十斤　釋曰此據律
覆之所受也　歷志三十斤曰鈞百二十斤
曰石　其聲中黃鍾之宮　注應律之首也　釋曰
十二辰各有律十二律以
黃鍾爲初九故擊鬴器之時其聲中黃鍾之宮也不直言
中黃鍾之聲而云之宮者十二辰其變聲辰各有五聲則
子上有宮商角徵羽五聲具今之所中者
中其宮聲不中商角之等故以宮言之也　槩而不稅　注鄭
司農云令百姓得以量而不租稅　釋曰案鄭志趙商問
㮚氏爲量槩而不稅廛人職有稅何荅曰官量不稅若然
此官量鎭在市司所以勘當諸廛之量器以取平非
是尋常所用故不稅彼廛人所稅在肆常用者也　其銘

曰時文思索允臻其極 釋曰自此至維則是鬴器之上銘文 注銘刻之也時是也允信也臻至也極中也言是文德之君思求可以爲民立法者而作此量信至於道之中 釋曰云刻之者正謂在模上刻之非謂在器乃刻今之鍾鼎爲文亦爾 嘉量既成以觀四國 注以觀示四方使放象之 永啓厥後茲器維則 注永長也厥其也茲此也又長啓道其子孫使法則此器長用之 凡鑄金之狀 注故書狀作壯杜子春云當爲狀謂鑄金之形狀 釋曰此文與下爲金月自金與錫巳下㚖氏鑄冶所候煙氣以知生孰之節 金與錫黑濁之氣竭黃白次之黃白之氣竭青白次之青白之氣竭青氣次之

然後可鑄也 注消凍金錫精麤之候

叚氏 闕

函人爲甲犀甲七屬兕甲六屬合甲五屬 注屬讀如灌注之注謂上旅下旅札續之數也革堅者札長鄭司農云合甲削革裏肉但取其表合以爲甲 釋曰云屬讀如灌注之注者義取注著之意也云上旅下旅札續之數也者謂上旅之中及下旅之中皆有札續一葉爲一札上旅之中續札七節六節五節下旅之中亦有此節故云札續之數也云堅者札長者即五屬者以其堅壽年多即下經三百年者也

犀甲壽百年兕甲壽二百年合甲壽三百年 注革堅者又支久

凡爲甲必先

爲容注服者之形容也鄭司農云容謂象式釋曰凡造衣甲須稱形大小長短而爲之故爲之人形容乃制革也然後制革注裁制札之廣袤釋曰上旅七節六節節數已定更觀人之形容長大則札長廣短小則札短狹故云裁制札之廣袤廣即據橫而言袤即據上下而說也權其上旅與其下旅而重若一注鄭司農去上旅謂要以上下旅謂要以下釋曰謂札葉爲旅者以札衆多故言旅旅即衆也先鄭云上旅要以上謂衣也下旅要以下謂裳也故春秋傳曰棄其甲裳者也以其長爲之圍注圍謂札要廣厚釋曰此據一札之上先量上下之長乃以長中央圍之一币如此則長短廣狹相稱也凡甲鍛不摯則不堅已敝則橈注鄭司農云鍛鍛革也摯謂質也鍛革大孰則革敝無強曲橈也玄謂摯之致

致　釋曰先鄭以摯爲質後鄭不從者質即革之
別名非生孰之稱故後鄭爲致致謂孰之至極也**凡察**
革之道眡其鑽空欲其窓也注鄭司農云窓小孔貌窓
讀爲宛彼北林之宛　釋曰先鄭云窓小孔貌者革惡則
孔大革善則孔小驗今亦然讀如宛彼北林之宛者以音
讀之**眡其裏欲其易也**注無敗蔵也**眡其朕欲其**
直也注鄭司農云朕謂革制**櫜之欲其約也**注鄭司農云謂卷置櫜中
也春秋傳曰櫜甲而見子南　釋曰先鄭引春秋者案昭
元年左氏傳鄭公孫黑與子南爭徐吾犯之妹適子南氏
子晳怒既而櫜甲而見子南欲殺之彼以衣表著甲謂之
櫜與此別引之者彼以衣藏甲爲櫜此亦以甲衣藏甲爲
櫜藏甲爲櫜相似
故引以爲證也**舉而眡之欲其豐也**注豐大　釋曰此文

與上經相對舉之正謂於橐中取而舉之衣之欲無齘也注鄭司農云齘謂如齒齘釋
曰人之齒齘前却不齊札葉參差與齒齘相似故以齘爲喻眡其鑽空而惌則
革堅也眡其裏而易則材更也眡其朕
而直則制善也橐之而約則周也舉之
而豐則明也衣之無齘則變也注周密致也明有光
燿鄭司農云更善也變隨人身便利釋曰此文歷序上文於此揔結之也
鮑人之事注鮑故書或作鞄鄭司農云蒼頡篇有鞄𩌦釋曰此文與下經爲揔目先鄭取蒼頡篇從
故書爲鞄字者鮑乃從魚此官治皮宜從革故亙引先鄭於此取從革旁之義望而眡之欲

其荼白也注韋華遠視之當如茅莠之色　釋曰此官主革不主韋韋自韋氏爲之鄭云韋革者夾句而言耳荼即茅莠也

進而握之欲其柔而滑也注謂親手煩攌之

卷而摶之欲其無迆也注鄭司農云卷讀爲可卷而懷之之卷摶讀爲縳一如瑱之縳謂卷縳韋革也迆讀爲既建而迆之之迆無迆謂革不辟　釋曰先鄭云可卷而懷之論語文云摶讀爲縳一如瑱之縳者案昭二十六年左氏傳云以幣錦二兩縛一如瑱

眡其著欲其淺也注鄭司農云謂郭韋革之札入韋革淺緣其邊也玄謂韋革調善者鋪著之雖厚如薄然

察其線欲其藏也注故書線或作綜杜子春云綜當爲系旁泉讀爲綫謂縫革之縷

革欲其荼白而疾澣之則堅注鄭司農云韋

華不欲久居水中欲其柔滑而腥脂之則需注故書需作劉鄭司農云腥讀如沾渥之渥劉讀爲柔需之需謂厚脂之韋革柔需　釋曰先鄭據詩云既沾既渥上我百穀引而信之欲其直也信之而直則取材正也信之而枉則是一方緩一方急也若苟一方緩一方急則及其用之也必自其急者先裂若苟自急者先裂則是以博爲帴也注鄭司農云帴讀爲翦翦謂以廣爲狹也玄謂翦者如俴淺之俴或者讀爲羊豬戔之戔　釋曰先鄭讀帴爲翦翦者前翦亦是狹少之意後鄭轉帴爲俴者從小戎詩小戎俴收之俴讀爲羊豬戔者義亦同案彼小戎詩俴者淺也謂車深四尺

四寸其車廣六尺六寸是廣深不得是一方緩一方急以慱為伐以廣為狹之喻

卷而摶之而不迆則厚薄序也 注序舒也謂其革均也 眡其著而淺則革信也 注信無縮緩 察其線而藏則雖敝不甐 注甐故書或作鄰鄭司農云鄰讀為磨而不磷之磷謂韋革縫縷沒藏於韋革中則雖敝縷不傷也 釋曰先鄭云鄰讀為磨而不磷之磷者論語孔子辭

韗人為皐陶 注鄭司農云韗書或為鞠皐陶鼓木也玄謂鞠者以皐陶名官也鞠則陶字從革 釋曰先鄭知皐陶鼓木者以上言為皐陶下即云長六尺有六寸鼓木之事明皐陶即是長六尺六寸者故知也玄謂鞠者以皐陶名官者依先鄭從鞠為鼓木還以鞠為鞠人之官是皐陶官名也鞠即陶字從革若

然後鄭爲鞠人爲皐陶不取韗字爲官名　長六尺有六寸左右端廣
八寸中尺厚三寸　注版中廣頭狹爲穹隆也鄭司農云謂鼓木一判者其兩端廣六寸
而其中央廣尺也如此乃得有腹　釋曰先鄭以經論鼓木一判更不言版數多少而知得有腹者以版兩端廣六
寸中廣一尺自然有腹可知　穹者三之一　注鄭司農云穹讀爲志無空邪之空謂鼓木腹穹隆
者居鼓三之一也玄謂穹讀如穹蒼之穹穹隆者居鼓面
三分之一則其鼓四尺者版穹一尺三寸三分寸之一也
倍之爲二尺六寸三分寸之二加鼓四尺穹之徑六尺六
寸三分寸之二也此鼓合十二版　釋曰先鄭云穹讀爲
志無空邪之空者無所指斥故後鄭讀從穹蒼之穹也先
鄭云穹隆者居鼓三之一也者言猶未足故後鄭增成玄
謂穹讀如穹蒼之穹者謂從詩云以念穹蒼者也云穹隆
者下至合二十版此鄭所言皆從二十版計之乃得面四

尺及穹之尺數經既不言版數知二十版者此以上下相約可知何者此鼓言版之寬狹不言面之尺數下經二鼓皆言鼓四尺不言版之寬狹明皆有鼓四尺乃鼓版之廣狹也若然下二鼓皆云鼓四尺明此鼓亦四尺據面而言若然鼓木兩頭廣六寸面有四尺二十版二六十二尺二尺圍三徑一是一丈二尺得面徑四尺矣以此面四尺穹隆加三之一三尺加一尺其一尺者取九寸加三寸其一寸者為三分取一分并之得一尺三寸三分寸之一也此據一廂而言倍之為二尺六寸三分寸之二乃知鼓面四尺摠為六尺六寸三分寸之二也上二一正

注鄭司農云謂兩頭一平中央一平也玄謂三讀當為參正直也參直者穹上一直兩端又直各居二尺二寸不弧曲也此鼓兩面以六鼓差之賈侍中云晉鼓大而短近晉鼓也以晉鼓鼓金奏　釋曰先鄭據經云三正解之亦得合義但不定尺寸之數雖言三平恐平中有長短故後鄭增成之云三讀當為參正直也參直者穹上一直兩端又

直各居二尺二寸是三㪺尺數等是爲參直也云不弧曲也者下皐鼓倨句磬折即弧曲不參直故引證此與彼異也云此鼓兩面者下經二鼓言四尺之面此經不言四尺之面故言之對發祭祀三鼓四面已下云以六鼓差之者鼓人靁鼓祀天靈鼓祭地路鼓享鬼下二鼓據鼓人賁鼓鼖軍事皐鼓役事惟此鼓經不言其名五鼓已配訖惟有晉鼓當此鼓可知故引賈侍中云晉鼓大而短近晉鼓也此後鄭所解也云晉鼓鼓金奏者鼓人文也

鼓長八尺鼓四尺中圍加三之一謂之鼖鼓

注 中圍加三之一者加於面之圍以三分之一也面四尺其圍十二尺加以三分一四尺則中圍十六尺徑五尺三寸三分寸之一也今亦合二十四版則版廣六寸三分寸之二耳取大鼓謂之鼖以鼖鼓鼓軍事鄭司農云鼓四尺謂革所蒙者廣四尺

釋曰云鼓四尺者謂鼓面也云中圍加三之一者謂將中央圍加於面之圍三分之二也云面四尺其圍十二

尺加以三分一四尺者添四面圍丈二尺爲十六尺然後徑之十五尺徑五尺餘一尺取九寸徑三寸取餘一寸者破爲三分得一分揔徑五尺三寸三分寸一此言中圍加三之一與上穹三之一者異彼據一相之穹加面三之一加故兩相加二尺六寸三分寸二此則於面四尺揔加三分之一則揔一尺三寸三分寸一若然此穹隆少校晉鼓一尺三寸三分寸之一也與彼穹隆異也今一版亦合二十版者此經云鼓四尺若不二十版亦不合此數也則版穹六寸三分寸二者此亦據一相而言云大鼓謂之鼖者鼖訓爲大對晉鼓長六尺六寸而言若對下文皐鼓長丈二尺則彼又大矣云鼖鼖鼓軍事者鼓人文

爲皐鼓長尋有四尺鼓四尺倨句磬折注以皐鼓鼓役事磬折中曲之不參正也中圍與鼖鼓同以磬折爲異：釋曰云以皐鼓鼓役事者鼓人文磬折中曲之不參正也者磬折者𪓐處近上故不得參正也

凡冒鼓

必以啓蟄之日注啓蟄孟春之中也蟄蟲始聞雷聲而動鼓所取象也冒蒙鼓以革釋曰云啓蟄孟春之中也者正月立春節啓蟄中故云中也云蟄蟲始聞雷聲而動者蟄蟲啓戶由聞雷聲是鼓所取象故以此時冒之案月令仲秋云雷乃始收注雷乃收聲在地中動內物則此云孟春始聞雷聲而動者亦謂未出地時故蟄蟲聞之而動至二月即雷乃發聲出地蟄蟲啓戶而出故月令仲春云日夜分雷乃發聲蟄蟲咸動啓戶而出是也

良鼓瑕如積環注華調急也釋曰瑕與環皆謂漆之文理謂華調急故然若急而不調則不得然也

鼓大而短則其聲疾而短聞鼓小而長則其聲舒而遠聞釋曰此乃鼓之病大小得所如上三者所爲則無此病

韋氏闕

裘氏闕

畫繢之事雜五色東方謂之青南方謂之赤西方謂之白北方謂之黑天謂之玄地謂之黃青與白相次也赤與黑相次也玄與黃相次也

釋曰此一經言次次畫於衣之事畫繢並言者言畫是揔語以其繢繡皆須畫之言繢則據對方而言自東方已下是也自言東方謂之青至謂之黃六者先舉六方有六色之事但天玄與北方黑二者大同小異何者玄異雖是其一言天止得謂之玄天不得言黑天若據北方而言玄黑俱得稱之是以北方

言玄武宿也青與白相次巳下論繢於衣爲對方之法也**注**此言畫繢六色所象及布采之第次繢以爲衣釋曰鄭云畫繢六色所象者解經地謂之黃巳上文云及布采之第次者解經青與白巳下文云繢以爲衣者案虞書云予欲觀古人之象日月星辰山龍華蟲作繢是據衣而言繢故鄭云繢以爲衣也**青與赤謂之文赤與白謂之章白與黑謂之黼黑與青謂之黻五采備謂之繡**注此言刺繡采所用繡以爲裳釋曰此一經皆此方爲繡次凡繡亦須畫乃刺之故畫繡二工共其職也云繡以爲裳者案虞書云宗彝藻火粉米黼黻絺繡鄭云絺紩也謂刺繡於裳故鄭云刺以爲裳也衣在上陽陽主輕浮故畫之裳在下陰陰主沈重故刺之也**土以黃其象方天時變**釋曰此乃六色之外別增此天地二物於衣故於下特言之也**注**

古人之象無天地也爲此記者見時有之耳子家駒曰天子僭天意亦是也鄭司農云天時變謂畫天隨四時色

言天地云爲此記者見時有之耳者古人旣無天地若記者不見時君畫於衣記人何因輒記之爲經典也子家駒曰天子僭天意亦是也者案公羊傳云昭公謂子家駒云季氏僭于公室久矣吾欲殺之何如子家駒曰天子僭天諸侯僭天子彼云僭天者未知僭天何事要此古人衣服之外別加此天地之意亦是僭天故云意亦是也先鄭云天時變謂畫天隨四時色者天逐四時而化育四時有四色今畫天之時天無形體當畫四時之色以象天地若然畫土當以象地色也

火以圜 注鄭司農云爲圜形以火也玄謂形如半環然在裳 釋曰先鄭云爲圜形似火也後鄭云如半環然此亦與先鄭不別增成之耳孔安國以爲火字也與此別也知在裳者虞書藻火已下皆在裳

山以章 注章讀爲獐獐山物也在

衣齊人謂麇爲獐　釋曰馬氏以爲獐山獸畫山者并畫獐龍水物畫水者并畫龍鄭即以獐表山以龍見水此二者各有一是一非古人之象有山不言獐有龍不言水今記人既有獐有水止可畫山兼畫獐畫龍兼畫水何有棄本而遵末也　水以龍 注龍水物在衣　鳥獸蛇 注所謂華蟲也在衣蟲之毛鱗有文采者

釋曰云所謂華蟲也者所謂虞書云山龍華蟲彼畫華蟲次在龍下此文亦次龍下故知當華蟲也言華者象草華言蟲者是有生之揔號言鳥以其有翼言獸以其有毛言蛇以其有鱗以首似鷩亦謂之鷩冕也故云蟲之毛鱗有又采也虞書有十二章於此惟言四章又兼言天地而不云日月星藻與宗彝者記人之言略說之耳　雜四時五色之位以章之謂之巧 注章明也繢繡皆用五采鮮明之是爲巧　釋曰此經揔結上文也上有六色此言五者下別言素功故言五或可玄黑共說也　凡畫繢

之

事後素功注素白采也後布之爲其易漬汙也不言繢繡以絲也鄭司農說以論語曰繪事後素

鍾氏染羽以朱湛丹秫三月而熾之注鄭司農云湛漬也丹秫赤粟玄謂湛讀如漸車帷裳之漸熾炊也羽所以飾旌旗及王后之車　釋曰染布帛者在天官染人此鍾氏作染鳥羽而已要用朱與秫則同彼染祭服有玄纁與此不異故也案染人云春暴練夏纁玄注云凡染當及盛暑熱潤始湛研之三月而後可用若然云以朱湛丹秫三月而熾之當及盛暑熱潤則初以朱湛丹秫當在春日豫湛至六月之時即染之矣玄謂湛讀如漸車帷裳之漸者讀從衛詩也云羽所以飾旌旗及王后之車者司常云全羽爲旞析羽爲旌自餘旌旗竿首亦有羽旄巾車有車翟厭翟翟車之等皆用羽是也案夏采注云夏采夏

翟羽色 禹貢徐州貢夏翟之羽有虞氏以爲緌後世或
無欲染 鳥羽象而用之謂之夏采是此鍾氏所染者也 **淳**
而漬之 注淳沃也以炊下湯沃其熾烝之以漬羽漬猶
染也 釋曰上熾之謂以朱湛丹秫三月末乃
熾之即以炊下湯淋所炊丹秫取
其汁以染鳥羽而又漸漬之也 **三入爲纁五入爲**
緅七入爲緇 注染纁者三入而成又再染以黑則爲緅
緅今禮俗文作爵言如爵頭色也又復再
染以黑乃成緇矣鄭司農說以論語曰君子不以紺緅飾又
曰緇衣羔裘爾雅曰一染謂之縓再染謂之竀三染謂之纁
詩云緇衣之宜兮玄謂此同色耳染布帛者染人掌之凡玄
色者在緅緇之間其六入者與 釋曰凡染纁玄之法取爾
雅及此相兼乃具案爾雅一染謂之縓再染謂之竀三染謂
之纁三入謂之纁即與此同此三者皆以丹秫染之此經及
爾雅不言四入及六入案士冠有朱紘之文鄭云朱則四入
與是更以纁入赤汁則爲朱以無正文約四入爲朱故云與

以毄之云論語曰君子不以紺緅飾者淮南子云以涅染紺則黑於涅涅即黑色也纁若入赤汁則為朱若不入赤而入黑汁則為紺矣若更以此紺入黑則為緅即此五入為緅是也紺緅相類之物故連文云君子不以紺緅飾也若更以此緅入黑汁即為玄則六入為玄但無正文故此注與士冠禮注皆云玄則六入與更以此玄入黑汁則名七入為緇矣但緇與玄相類故禮家每以緇布衣為玄端也云禮俗文作爵言如爵頭色者以其爵赤多黑少故也

筐人闕

㡛氏湅絲以涗水漚其絲七日去地尺暴之

注故書涗作湄鄭司農云湄水温水也玄謂涗水以灰所泲水也漚漸也楚人曰漚齊人曰涹　釋曰諸家及先鄭皆以涗水為温水後鄭獨不從者禮有涗齊謂泲酒為涗則此涗亦當泲灰汁為涗故不從温水也云齊人曰

湊者亦是漚義晝暴諸日夜宿諸井七日七夜是謂水涷諸宿諸井縣井中涷帛以欄爲灰渥淳其帛實諸澤器淫之以蜃注渥讀如繒人渥管之渥以欄木之灰漸釋其帛也杜子春云淫當爲湛鄭司農云澤器謂滑澤之器蜃謂炭也士冠禮曰素積白屨以魁柎之說曰魁蛤也周官亦有白盛之蜃蜃蛤也玄謂淫薄粉之令帛白蛤令海旁有爲　釋曰鄭云渥讀如鄫人渥管之渥者案哀八年吳伐魯云初武城人或有因於吳竟田焉拘鄫人之漚菅者曰何故使吾水滋是其事引士冠禮曰素積白屨以魁柎之者謂皮弁服白布衣而素積以爲裳屨裳同色故素積白白屨故以蜃灰柎之也清其灰而盝之而揮之注清澄也於灰澄而

出盝晞之晞而揮去其蜃而沃之而盝之而塗之而宿之注更注淳之明日沃而盝之注朝更沃至夕盝之又更沃至旦盝之亦七日如漚絲也晝暴諸日夜宿諸井七日七夜是謂水湅

釋曰湅帛湅絲皆有二法上文爲灰湅法此文是水湅法也

周禮疏卷第四十七

周禮疏卷第四十八

唐朝散大夫行大學博士弘文館學士臣賈　彥等撰

冬官考工記下

玉人之事鎮圭尺有二寸天子守之命圭九寸謂之桓圭公守之命圭七寸謂之信圭侯守之命圭七寸謂之躬圭伯守之

釋曰云玉人之事者謂人造玉瑞玉器之事此一句揔與下諸文爲目圭名鎮名信及躬備於宗伯

注命圭者王所命之圭也朝覲執焉居則守之子守穀璧男守蒲璧不言之者闕耳故書或云命圭五寸謂之躬圭杜子春云當爲七寸玄謂五

寸者辟文之闕亂存焉　釋曰云命圭者王所命之圭也著公羊傳云錫者何賜也命者何加我服也於王以策命諸侯之時非直加之以車服時即以圭授之以爲瑞信者也朝覲執焉者典瑞云公執桓圭以下朝覲宗遇會同于王諸侯相見亦如之是也云居則守之者謂以爲鎮守者也故云居則守之子守穀辟男守蒲辟典瑞宗伯大行人俱有其文於此不言之者闕也鄭云闕者若韋氏櫛氏之類亦闕也若然經有鎮圭案典瑞云王執鎮圭繅藉五采五就以朝日鄭不言者有典瑞可參故直舉諸侯可知也子春破故書五寸當從經七寸後鄭不從以從故書爲五寸五寸是辟文之闕亂存者命圭是伯五寸是子男故亂存也

天子執冒四寸以朝諸侯注名玉曰冒者言德能覆蓋天下也四寸者方以尊接卑以小爲貴　釋曰鄭知名玉曰冒言德能覆蓋天下者案書傳云古者必有冒言不敢專達之義天子執冒以朝諸侯見則覆之注云君恩覆之臣敢進是其

冒覆之事案孔注顧命云言冒所以冒諸侯圭以齊瑞信方四寸邪刻之不言冒以覆蓋天下者義得兩含故注有異故書傳云古者圭必有冒亦是冒圭之法也此冒據朝覲諸侯時執之詩殷頌云受小球大球爲下國綴旒注云小球尺二寸大球長三尺與下國結定其心如旌旗之旒彼據天子與諸侯盟會故云結定其心故執鎮圭不執冒也

天子用全上公用龍侯用瓚伯用將

鄭注司農云全純色也龍當爲尨尨謂雜色玄謂全純玉也瓚讀爲餐饜之餐龍瓚將皆雜名也卑者下尊以輕重爲差玉多則重石多則輕公侯四玉一石伯子男三玉二石

釋曰此經因天子已下執玉遂說尊卑之玉善惡不同先鄭云全純色也龍當爲尨尨謂雜色後鄭以爲全純玉也純玉即純色義無殊瓚讀爲餐饜之饜者醢人職有餐食與時有膏饜今連言餐饜者取雜意云龍瓚將皆雜名者謂玉之雜名此亦含雜色必知後鄭玉雜中含色者見鄭

暑義駮云玉雜則色雜則知玉全色亦全也云卑者下尊
以輕重爲差玉多則重石多則輕知者見盈不足術曰玉
方寸重七兩石方寸重六兩云公侯四玉一石伯子男三
玉二石者案禮緯云天子純玉尺二寸公侯九寸四玉一
石伯子男三玉二石此注出於彼但此經公與侯異注及
彼文伯公侯同又彼伯子男同七寸皆與此經不同者彼據
殷法但玉石多少與周同故引之也若然公
侯同四玉一石而乇瓚異者蓋三色有別也　繼子男執
皮帛　注謂公之孤也見禮次子男贄用束帛而以豹皮
表之爲飾天子之孤表帛以虎皮此說王及皮帛
者　遂言見天子之用贄　釋曰此公之孤上不言子男而
此云繼子男者以上文不見子男也不見者以子男與伯
同用三玉二石故空其文見子男與伯等以是得言以皮
帛繼子男也以大行人注言之此亦是孤尊更以其摯見
也知諸侯孤飾贄以豹皮天子之孤飾以虎皮者郊特牲
云虎豹之皮示服猛也二者皮中爲美虎皮又貴天子孤

尊故知義然也**天子圭中必**注必讀如鹿車縪之縪謂以組約其中央爲執之以備失隊　釋曰

上列天子及公侯伯之圭於此獨言天子圭中必者案聘禮記五等諸侯及聘使所執圭璋皆有繅藉及絇組絇組所以約圭中央恐失墜即此中必之類若然圭之中必尊卑皆有此不言諸侯圭舉上以明下可知云讀如鹿車縪之縪者俗讀之也此縪絇組一也

四圭尺有二寸以祀天注郊天所以禮其神也典瑞職曰四圭有邸以祀天旅上帝　釋曰

此圭典瑞直言所用禮神不言尺寸故此言之此直言尺二寸案典瑞注先鄭云中央爲璧圭著其四面一玉俱成又云圭末四出若然此尺二寸者未知璧在中央通兩畔據下祼圭尺有二寸而言則此四圭圭別尺有二寸仍未摠計爲尺二寸未知除璧之外兩畔之圭各有一尺二寸審以璧爲邸邸徑幾許禮既無文不可強記也引典瑞者證祀天爲夏正郊所感帝兼國有故旅祭五帝之事亦以

此圭禮神也

大圭長三尺杼上終葵首天子服之

釋曰言大圭者以其長故得大圭之稱言服之者以其搢於衣帶之間同於衣服故以服言之

注 王所搢大圭也或謂之珽終葵椎也爲椎於其杼上明無所屈也杼閷也相玉書曰珽玉六寸明自炤

釋曰云王所搢大圭也者典瑞云王搢大圭執鎭圭繅藉五采五就以朝日是也云或謂之珽者玉藻云天子搢珽方正於天下也鄭云言珽然無所屈此注亦云明無所屈皆對諸侯爲荼大夫前屈後屈故云無所屈也云終葵椎也者齊人謂椎爲終葵故云終葵椎也云相玉書曰珽玉六寸明自炤者謂於三尺圭上除六寸之下兩畔殺去之使已上爲椎頭言六寸據上不殺者而言云明自炤者玉體瑜不掩瑕瑕不掩瑜善惡露見是其忠實君子於玉比德焉言忠實故云明自炤也引之者證大圭者爲終葵六寸已下杼之也

土圭尺有五寸以致

日以土地 釋曰言土圭者謂度土地遠近之圭故云土圭 注 致日度景至不夏日至之景尺有五寸冬日至之景丈有三尺土猶度也建邦國以度其地而制其域 釋曰云致日度景至不者於地中立八尺之表於中漏半夏至日表北尺五寸景與土圭等冬至日丈三尺爲景至若不依此皆爲不至故云度景至不也但景至與不至皆由君政得失而來度之者若不至使君改德教也云夏日至之景尺有五寸冬日至之景丈三尺皆通卦驗文大司徒亦云夏日至之景尺有五寸謂之地中云土猶度也建邦國以度其地而制其域者此度地封諸侯日景一分地差百里五等諸侯直取五分景巳下無取尺寸之義也

祼圭尺有二寸有瓚以祀廟 釋曰鄭注小宰云唯人道宗廟有祼祼天地大神至尊不祼故此唯云以祀廟典瑞兼云以祼賓客此不言者有典瑞故作文略也 注 祼之言灌也或作淉或作果祼謂始獻酌奠也

瓚如盤其柄用圭有流前注　釋曰讀祼爲灌者取水灌之義云祼謂始獻酌奠也者小宰注云祼亦謂祭之啐之奠之以其尸不飲故云奠之案司尊彝注祼謂始獻尸郊特牲注云始獻神也者以其祼入獻于尸故云獻尸二灌圭爲降神故云獻神三注雖曰不同其義一也云瓚如盤其柄用圭有流前注者鄭注典瑞引漢禮瓚盤大五升口徑八寸下有盤口徑一尺言有流前注者案下三璋之勺鼻寸是也言前注者以尸執之向外祭乃注之故云有流前注也

琬圭九寸而繅以象德　釋曰典瑞云琬圭以治德以結好此不言結好此文略彼云治德據使者而言此言象德據圭體而說彼不言有繅此言有繅亦是互見爲義　注琬猶圜也王使之瑞節也諸侯有德王命賜之使者執琬圭以致命焉繅藉也　釋曰云諸侯有德王命賜之使者執琬圭以致命焉者若天王使毛伯來錫公命公羊云錫者何賜也命者何加我服也是諸侯有德王使人賜命之事也

琰圭九寸判規以除慝以易行注凡圭琰上寸半琰圭琰半以上又半爲瑑飾諸侯有爲不義使者征之執以爲瑞節也除慝誅惡逆也易行去煩苛　釋曰知凡圭琰上寸半者禮記雜記文知此琰圭琰半以上又半爲瑑飾者以其言判判半也又云規明半以上琰至首規半以下爲瑑飾可知云諸侯有爲不義使者征之執以爲瑞節也者此釋除慝故引經云除慝誅惡逆也云易行去煩苛者此非惡逆之事直政教煩多而苛虐是諸侯行惡故王使人執之以爲瑞節易去惡行

璧羨度尺好三寸以爲度注鄭司農云羨徑也好璧孔也爾雅曰肉倍好謂之璧好倍肉謂之瑗肉好若一謂之環玄謂羨猶延其袤一尺而廣狹焉　釋曰引爾雅欲見此璧好三寸好即孔也兩畔肉各三寸兩畔共六寸是肉倍好也後鄭云羨猶延其袤一尺而廣狹焉者是羨爲不圜之貌造此璧之時應圜徑九寸今減廣一寸以

益上下之衺一寸則上下一尺廣八寸故云其衺一尺而廣狹焉狹焉謂八寸也以爲度者天子以爲量物之度也

圭璧五寸以祀日月星辰 注禮其神也圭其邸爲璧取殺於上帝 釋曰此圭璧謂以璧爲邸旁有一圭故云圭其邸爲璧也云取殺於上帝者案上文四圭以祀天此日月星辰爲天之佐故一圭是取殺於上帝也 案典瑞云兩圭有邸以祀地璋邸射以祀山川彼山川亦取殺於地此不言者文略彼又有瑑圭牙璋此不言者亦是文略並王人造之可知

璧琮九寸諸侯以享天子 注享獻也聘禮享君以璧享夫人以琮 釋曰案小行人二王後享天子及后用圭璋則此璧琮九寸據上公引聘禮者欲見經云享天子用璧享后用琮此據上公九命若侯伯當七寸子男當五寸

穀圭七寸天子以聘女 注納徵加於束帛 釋曰自士巳上皆用玄纁束帛但天子加以穀

圭諸侯加以大璋也大璋中璋九寸邊璋七寸射四寸厚寸黃金勺青金外朱中鼻寸衡四寸有繅天子以巡守宗祝以前馬釋曰此經說王巡守出行過山川禮敬之事三璋據爲勺柄黃金勺以下據爲勺頭注射琰出者也勺故書或作約杜子春云當爲勺謂酒尊中勺也鄭司農云鼻謂勺龍頭鼻也衡謂勺柄龍頭也玄謂鼻勺流也凡流皆爲龍口也衡古文横假借字也衡謂勺徑也三璋之勺形如圭瓚天子巡守有事山川則用灌焉於大山川則用大璋加文飾也於中山川用中璋殺文飾也於小山川用邊璋半文飾也其祈沈以馬宗祝亦執勺以先之禮王過大山川則大祝用事焉將有事於四海山川則校人飾黃駒　釋曰射琰出者也者向上謂之出謂琰半已上其半已下爲文飾也先鄭云鼻謂勺龍頭鼻後鄭增成其義衡謂勺柄龍頭後鄭不從玄謂衡古文

爲横謂勺徑破先鄭爲勺柄云三璋之勺形如圭瓚者圭瓚之形前注已引漢禮但彼口徑八寸下有盤徑一尺此徑四寸徑既倍狹明所容亦少但形狀相似耳故云形如圭瓚也知用灌者以其圭瓚灌宗廟明此巡守過山川用灌可知於大山川已下至半文飾皆無正文鄭君以意解之云祈沈以馬者取校人飾黄駒故知馬也知宗祝亦執勺以先之者即引大祝職云王過大山川則大祝用事焉是大祝用此經黄金勺之事也云將有事于四海山川則校人飾黄駒者校人職文引之者見禮山川非直灌亦有牲牢以山川地神故用黄駒也大祝職云王過大山川大祝用事不言中山川小山川者舉大者而言或使小祝爲之也

大璋亦如之諸侯以聘女 注亦納徵加於束帛也大璋者以大璋之文飾之也亦如之者如邊璋七寸射四寸 釋曰鄭知以大璋之文飾之者以其與上大璋同名明以大璋之文飾之也又知如邊璋七寸射四寸者以其天子穀圭七寸以

聘女諸侯不可過於天子爲九寸既又承邊璋之下而言亦如之明知如邊璋七寸射四寸也 **瑑圭璋八寸璧琮八寸以覜聘** 釋曰此謂上公之臣執以覜聘用圭璋享用璧琮於天子及后也若兩諸侯自相聘亦執之侯伯之臣宜六寸子男之臣宜西寸 **注** 瑑文飾也覜視也聘問也衆來曰覜特來曰聘聘禮曰凡四器者唯其所寶以聘可也 釋曰云瑑文飾也者凡諸侯之臣覜聘並不得執君之桓圭信圭之等直瑑爲文飾耳云覜視也聘問也者案大宗伯云時聘曰問殷覜曰視故據彼而言也云衆來曰覜特來曰聘者衆來則元年七年十一年一服朝之歲來者衆也特來則天子有事乃來無常期者是也引聘禮者彼亦云圭璋璧琮四器故引以爲證云所寶謂不聘時寶之 **牙璋中璋七寸射二寸厚寸以起軍旅以治兵守** 注二璋皆有鉏牙之飾於琰側先言

牙璋有文飾也　釋曰牙璋起軍旅治兵守正與典瑞文同彼無中璋者以其大小等故不見也牙璋起軍旅則中璋亦起軍旅二璋蓋軍多用牙璋軍少用中璋鄭知二璋皆爲鉏牙之飾者以其同起軍旅又以牙璋爲首故知中璋亦有鉏牙但牙璋文飾多故得牙名而先言也

駔琮五寸宗后以爲權

釋曰此后所用故五寸降於下文天子所用七寸者也　注駔讀爲組以組繫之因名焉鄭司農云以爲稱錘以起量　釋曰駔讀爲組者於義無取於組故從組以其用組爲繫言因名焉者以組爲繫名組琮似以玉飾豆即名玉豆其類也先鄭云以爲稱錘以起量者量自是斗斛之名而云爲量者對文量衡異散文衡亦得爲量以其量輕重故也

大琮十有二寸射四寸厚寸是謂内鎭宗后守之

注如王之鎭圭也射其外鉏牙　釋曰言大琮者對上駔琮五寸爲大也言十有二寸者并角

剡之爲尺二寸言射四寸者據角各出二寸兩相并四寸爲言是謂內鎮者對天子執鎮圭爲內謂若內宰對大宰爲內內司服對司服爲內王不言外者男子居外是其常但婦人陰則得內稱也云射其外鉏牙者據八角鋒故云但牙也

駔琮七寸鼻寸有半寸天子以爲權 注鄭司農云以爲權故有鼻也 釋曰此天子以爲權故有鼻上右權不言鼻者舉以見右亦有鼻可知

兩圭五寸有邸以祀地以旅四望 注邸謂之柢有邸僢共本也 釋曰此亦僢依典瑞所解謂祀神州之神於北郊及國有故旅祭四望以對四圭有邸祀天及旅上帝也若天地自用黃琮云僢共本也者亦一玉俱成兩圭足相對爲僢也

瑑琮八寸諸侯以享夫人 注獻於所朝聘君之夫人也 釋曰言以享夫人則是諸侯自相朝所用致享者也五等諸侯朝天子享用璧琮不從瑞

右自相享降瑞一等此八寸據上公二王後自相享亦用
璧琮八寸侯伯當六寸子男自相享退用琥璜降用四寸
經言諸侯正是朝注兼云聘者其臣聘瑑圭璋璧琮亦皆
降一等與君寸數同故兼言聘也此經直言瑑琮不言瑑
璧以享君文略可知也
案十有二寸棗㮚十有二列諸侯
純九大夫純五夫人以勞諸侯　釋曰案十有二寸者謂玉案十
有二枚云棗㮚十有二列案案皆有棗㮚爲列十有　注
二者還據案十二爲數不謂一案之上十有二也
純猶皆也鄭司農云案玉案也夫人天子夫人玄謂案玉
飾案也夫人王后也記時諸侯僭稱王而夫人之號不別
是以同王后於夫人也玉案十二以爲列王亦勞朝諸侯
皆九列聘大夫皆五列則十有二列者勞二王之後也棗
㮚實於器乃加於案聘禮曰夫人使下大夫勞以二竹簋
方玄被纁裏有蓋其實棗烝㮚擇兼執之以進　釋曰生

鄭云夫人天子夫人從鄭不從者勞諸侯以王后爲主
皆不見后先見三夫人乎故不從也玄謂案王飾案也
者以其在王人故知以王飾案也云記時諸侯僭稱王
者春秋之世吳楚及越僭號稱王而吳楚夫人不稱后
是夫人之號不別也云是以同王后于夫人也者周王與
吳楚同號王故周王后號亦下同吳楚之夫人也云案十
有二以爲列者微破賈馬以此十二列比聘禮醯醢夾碑
百甕十以爲列云王后勞朝諸侯皆九列聘大夫皆五列
則十二列勞二王之後也者以其經夫人以勞諸侯文在
下總結上文三者故以此義推量之也云棗栗實于器乃
加於案者此約聘禮故即引聘禮爲證也聘禮五介入境
張旜是侯伯之卿大夫聘者也而主國夫人使下大夫勞
賓以二竹簋方者簋法圓今此竹簋方爲之者此或棗栗
與黍稷簋異也玄被者以玄繒爲表彼聘禮諸侯夫人使
下大夫勞無案直有棗栗此后勞有棗栗又
亦有案引之者證此棗栗亦盛於竹簋者也

璋邸射

素功以祀山川以致稍餼注郎射剡而出也致稍餼造賓客納稾食也鄭司農云素功無瑑飾也餼或作氣杜子春云當爲餼 釋曰云以祀山川者謂四望之外所有山川皆是云郎射剡而出也者向上謂之出半圭曰璋璋首邪却之今於邪却之處從下向上摠邪却之名爲剡而出云致稍餼造賓客納稾食也者謂賓客在館主君使人造賓客納稟食稟食則米者也以其經云稍餼稍稍致之是食米曰稾者也

柳人 闕

雕人 闕

磬氏爲磬倨句一矩有半注必先度一矩爲句一矩爲股而求其弦既而以一矩有半觸其弦則磬之倨句也磬之制有大小此假矩以定倨句非用其度耳 釋曰鄭云必先度一矩

爲句者據上曲者一矩爲股據下直者而求其弦者謂兩頭相望者云既而以一矩有半觸其弦者假令句股各一尺今以一尺五寸觸兩弦其句股之形即磬之倨句折殺也云磬之制有大小者案樂云磬前長三律二尺七寸後長二律尺八寸是磬有大小之制也云此假矩以定倨句非用其度耳者謂此經倨句各一矩并一矩有半皆假設言之以定倨句及其作磬非用此度自依律長短爲之也

其博爲一注博謂股博也博廣也釋曰鄭知此博是股廣在上者以其下文因此博而云股爲二明此博即股廣也此上下云一二三者此亦假一二三而爲長短廣狹故不言尺寸也

股爲二鼓爲三參分其股博去一以爲鼓博參分其鼓博以其一爲之厚注鄭司農云股磬之上大者鼓其下小者所當擊者也玄謂股外面鼓內面也假令磬股廣四寸半者股

長九寸也鼓廣三寸長尺三寸半厚一寸　釋曰先鄭云股磬之上大者鼓其下小者以其股面廣鼓面狹故以大小而言也玄謂股外面也者以其在上故以爲外鼓内面也者以其在下故以爲内言假令者經直言一二三不定尺寸是假設之言也若定尺寸自當依律爲短長也以四寸半爲法者直取從此已下爲易計非實法也

已上則摩其旁　注鄭司農云磬聲大上則摩鑢其旁玄謂大上聲清也薄而廣則濁　釋曰先鄭直云摩鑢其旁不言處所故後鄭增成之凡樂器厚則聲清薄則聲濁今大上是聲清故摩使薄薄而廣則濁也

已下則摩其耑　注大下聲濁也短而厚則清　釋曰此聲濁由薄薄不可使厚故摩使短短則形小形小則厚厚則聲清也

矢人爲矢鍭矢參分茀矢參分一在前二在

後注參訂之而平者前有鐵重也司弓矢職茀當爲殺鄭司農云一在前謂箭槀中鐵莖居參分殺一以前釋曰云參訂之而平者以其言參分一在前二在後明據稱量得訂言之古前有鐵重也者茀不前鐵重何以參分得訂也引司弓矢職者彼鏃矢與殺矢相對茀矢自與矰矢相對此上既言鍭矢明下宜有殺矢對之故破此茀爲殺也先鄭云一在前謂箭槀中鐵莖居參分殺一以前者後鄭意直據近鏃鐵多先鄭據長短又以參分殺一近鏃宜細以其鏃長近鏃雖殺猶重與後鄭義合故引之在下也

兵矢田矢五分二在前三在後注鐵差短小也兵矢謂枉矢絜矢也此二矢亦可以田口矢謂矰矢釋曰古鐵差短小也者前參分一在前得訂此五分二在前得訂故知鐵差短小也云兵矢謂枉矢絜矢也者以司弓矢職參之下有七分當茀矢矰矢此五分當枉矢絜矢也古田矢謂矰矢者依鄭志此云田矢謂矰矢非謂經中田矢正是下

文七分者若然既非經之田矢鄭言之者欲見矰矢正曰
矢此經二矢亦可以田若然經枉矢絜矢非直爲兵矢亦
將田獵故云此二矢亦可以田也案鄭志趙商問司弓矢
注云凡矢之制矰矢之屬七分三在前四在後案矢人職
曰田矢五分二在前三在後注云田矢謂矰矢數不相應
不知所裁荅曰田矢謂矰矢此先定後云此二矢亦可以
田頃若火疾此疏初在篋笥之間屬録事得之謹荅若然
鄭君本意以矰矢爲田矢非經田矢自是尋常田矢此二
矢亦可以田解經田矢是枉矢絜矢非直爲兵矢此二者
亦可以田也此鄭云田矢謂矰矢案司弓矢職枉矢絜矢
言利諸田獵茀矢矰矢直言弋射不言田獵而云田矢者
弋射即是田獵也案司弓矢職枉矢絜矢在前後乃云鏃
矢殺矢此矢人先言鏃矢殺矢者彼據事之重者爲先以
其枉矢絜矢用諸戰伐是重故在前此據鐵輕重重者在
前故不同也

殺矢七分三在前四在後

注鐵又差短小也司弓矢職殺

冨爲茀　釋曰上經已破茀當爲殺此殺圍宜爲茀與
失同七分故亦引司弓矢證之也此經直言茀矢不言矰
矢者以其與茀矢同制故略而不言也言鐵又差短小
也者以其前五分二在前此七分三在前是差短小也　參
分其長而殺其一　注矢稾長三尺殺其前一尺令
趣鏃也　釋曰案稾人注矢簳
長短之制未聞今此注云矢稾長三尺彼以無正文故
云未聞此云三尺者約羽六寸逆差之故知三尺也　五
分其長而羽其一　注羽者六寸　以其笴厚爲之
羽深　注笴讀爲稾謂矢幹古文假借字厚之數未聞　水之以辨其陰陽
注辨猶正也陰沈而陽浮　釋曰就其浮沈刻記之　夾其陰陽以設其比
夾其比以設其羽　注夾其陰陽者弓矢比在稾兩旁弩矢比在上下設羽於四角

鄭司農云比謂括也　釋曰云弓矢比在槀兩旁者以其弓豎用之故比在槀之兩畔云弩矢比在上下者以其弩弓橫用之故比在槀上下云設羽於四角者無問弓之矢弩之矢比在兩旁上下皆設羽於四角同也　**參分其羽以設其刃**　注刃二寸　釋曰知刃二寸者以其言參分其羽以設其刃不可參分取二分作四寸刃明知參分取一得二寸爲刃故知刃二寸　**則雖有疾風亦弗之能憚矣**　注故書憚或作但鄭司農云讀當爲憚之以威之憚謂風不能驚憚箭也　**刃長寸圍寸鋌十之重三垸**　注刃長寸脫二字鋌一尺　釋曰知脫二字者據上參分其羽以設其刃若刃一寸則羽三寸矢一尺五寸便大短明知脫二字也　**前弱則俛後弱則翔中弱則紆中強則揚羽**

豐則遲羽殺則趮注言幹羽之病使矢行不正俛低也翔迴顧也紆曲也揚飛也豐大也趮旁掉也是故夾而搖之以眡其豐殺之節也注今人以指夾矢儛衞是也釋曰上經陳幹羽失所今此經說知矢之羽病狀故云夾而揺之以眡其豐殺之節也橈之以眡其鴻殺之稱也注橈搦其幹釋曰此經說知矢幹之病狀此言鴻即上文強是也此言殺即上文弱是也凡相笴欲生而摶同摶欲重同重節欲疏同疏欲臬注相猶擇也生謂無瑕蠹也摶讀如摶黍之摶謂圜也鄭司農云欲臬欲其色如臬也釋曰云生謂無瑕蠹也者直言欲生於義無所取故以無瑕蠹解之無瑕謂無異色無蠹謂無蠹孔也云摶讀如摶黍之摶者讀如爾雅釋鳥黃鳥摶黍

也此取其摶圜之義先鄭云欲臬欲其色如臬也者觀經臬義取堅實先鄭云色如臬即是堅實者

陶人爲甗實二鬴厚半寸脣寸盆實二鬴厚半寸脣寸甑實二鬴厚半寸脣寸七穿 注量六斗四升曰鬴鄭司農云甗無底甑 釋曰六斗四升曰鬴昭三年左氏傳齊晏子辭云甗無底甑者對甑七穿是有底甑

鬲實五觳厚半寸脣寸庾實二觳厚半寸脣寸 注鄭司農云觳讀爲斛觳受三斗聘禮記有斛玄謂豆實三而成觳則觳受斗二升庾讀如請益與之庾之庾 釋曰先鄭云觳讀爲斛觳受三斗又引聘禮記有斛者案下旊人豆實三而成觳受斗二升有成文而先鄭讀觳爲斛斛受十斗又云觳受三斗復引聘禮記有斛其

言自相亂後鄭皆不從之也玄謂豆實三而成觳出於下文引之破先鄭觳受三斗或十斗也讀庾爲請益與之庾之庾者讀從論語孔子冉有辭小爾雅匊二升二匊爲豆豆四升四豆曰區四區曰釜二釜有半謂之庾者庾本有二法故聘禮記云十六斗曰籔注云今文籔爲逾逾即庾也案昭二十六年申豐云粟五千庾杜注云庾十六斗以此知庾有二法也

旊人爲簋實一觳崇尺厚半寸脣寸豆實三而成觳崇尺 注崇高也豆實四升也 釋曰祭宗廟皆用木簋今此用瓦簋據祭天地及外神尚質器用陶匏之類也注云豆實四升者晏子辭案易損卦彖云二簋可用享四以簋進黍稷於神也初與二直其四與五承上故用二簋四巽爻也巽爲木五離爻也離爲日日體圜木器而圜簋象也是以知

以木爲之宗廟用之若祭天地外神等則用瓦簋故郊特
牲云埽地而祭於其質也器用陶匏以天地之性是其義
也若然簋法圓舍人注云方曰簠圓曰簋注與此合
孝經云陳其簠簋注云内圓外方者彼發簠而言之　凡陶
瓬之事髻墾薜暴不入市　注爲其不任用也鄭
司農云髻讀爲刮薜
讀爲藥黃蘗之蘗暴讀爲剝玄謂髻讀爲跀䫏頓傷也薜
破裂也暴墳起不堅致也　釋曰先鄭云髻讀爲刮刮是
亂刮摩之義於不任用理無所取故後鄭不從薜讀爲藥
黃蘗之蘗取音同又以暴爲剝者凡爲器無剝破之義故
後鄭亦不從也玄謂髻讀爲
跀跀謂器不正欹邪者也　器中膊豆中縣　注膊讀如
車輇之輇既拊泥而轉其均尌膊其側以擬度端其器也
縣縣繩正豆之柄　釋曰云膊讀如車輇之輇者讀從雜
記載以輇車之輇取音同也云尌膊其側者案下文膊崇
四尺上下高四尺無邪曲轉其均之時當擬度此膊宜與

膞相應其器則正也豆中縣者豆柄中央把之者長一尺宜上下直與縣繩相應其豆則直**膞崇四尺方四寸**注凡器高於此則坏不能相勝厚於此則火氣不交因取式焉　釋曰高於此謂崇四尺有餘也厚於此謂厚於方四寸謂坏拊四畔各一寸也坏厚火氣不交坏不孰則易破者也

梓人爲筍虡釋曰此文與下文爲揔目耳故下文重說爲筍虡之法也**注**樂器所縣橫曰筍植曰虡鄭司農云筍讀爲竹筍之筍　釋曰樂器所縣於筍虡者謂鍾磬鎛者也先鄭筍讀爲竹筍之筍筍謂竹初生則醢人筍菹者也亦取音同也

天下之大獸五脂者膏者臝者羽者鱗者釋曰此文亦與下爲目故下亦別列五者所用不同也**注**脂牛羊屬膏豕屬臝者謂虎豹貔螭爲獸淺毛者之

屬羽鳥屬鱗龍蛇之屬　釋曰知脂是牛羊屬膏豕屬者下云二者祭宗廟以爲牲故知也鄭注內則云凝者曰脂釋者曰膏羸屬者謂虎豹貔貅淺毛者之屬案月令季夏亦云其蟲羸注云虎豹淺毛者鱗龍蛇之屬者月令春云其蟲鱗注云龍蛇之屬也宗廟之事脂者膏者以爲牲注致美味也　釋曰上摠言於此已下別言之者欲分別可爲筍虡者也羸者羽者鱗者以爲筍虡注貴野聲也　釋曰此三者以爲筍虡仍是摠言可以爲筍虡以別於上云爲牲者耳至下文仍更簡別可爲筍可爲虡二者不同者也外骨内骨卻行仄行連行紆行以脰鳴者以注鳴者以旁鳴者以翼鳴者以股鳴者以胷鳴者謂之

小蟲之屬以爲雕琢 注刻畫祭器博庶物也外骨龜屬內骨鼈屬卻行螾衍之屬仄行蟹屬連行魚屬紆行蛇屬脰鳴鼃黽屬注鳴精列屬旁鳴蜩蜺屬翼鳴發皇屬股鳴蚣蝑動股屬胷鳴榮原屬 釋曰上云大鳥獸或爲宗廟牲或爲筍虡設今此更別言小蟲之屬以飾祭器者也自紆行以上不能鳴者據行而言自脰鳴已下能鳴者據鳴而言云以爲雕琢者以雕畫及刻爲琢飾者也此注龜爲外骨鼈爲內骨案易說卦云離爲鼈爲蟹爲龜注皆云骨在外與此注違者鼃鼈皆外骨但此經外骨內骨相對以鼈外有肉緣故爲內骨也云卻行螾衍之屬者案爾雅釋蟲螾衍入耳案方言云螾衍注云由延兩音自關而東謂之螾衍引音云仄行蟹屬者今人謂之旁蟹以其仄行故也云連行魚屬者以其魚唯行相隨故謂之連行也云紆行蛇屬者紆曲也以其蛇行屈曲故謂之紆行也云脰鳴鼃黽屬者鼃黽即蝦蟇也脰項也以其項中鳴也云注鳴精列屬者案釋蟲

云蟋蟀蛬注云今促織也亦名青蛩方言楚謂之蟋蟀或謂之蛬南楚之間或謂之王孫云旁鳴蜩蜺屬者此即蟬也蟬鳴在脅云翼鳴發皇屬者案爾雅蚊蟥蛢郭云甲蟲也大如虎豆綠色今江東呼爲黃蛢即此發皇也云股鳴蚣蝑動股屬者七月詩云五月斯螽動股陸機云幽州人謂之春箕長而青角長股股鳴者云胷鳴榮原屬者此記本不同馬融以爲胃鳴干寶本以爲骨鳴胃在六府之内其鳴又未可以骨爲狀亦難信皆不如作胷鳴也揚雄以爲蛇醫或謂之榮原

厚脣弇口出目短耳大胷燿後大體短脰若是者謂之羸屬恒有力而不能走其聲大而宏有力而不能走則於任重宜大聲而宏則於鍾宜若是者以爲

鍾虡是故擊其所縣而由其虡鳴注爠讀爲哨頎小也鄭司農云宏讀爲紘綖之紘謂聲音大也由若也釋曰云爠讀爲哨頎小也者哨與頎皆是少小之義故云哨頎小也凡猛獸有力者皆前麤後細故云大胷爠後先鄭讀宏爲紘綖之紘讀從桓二年臧哀伯云衡紞紘綖取其音同耳銳喙決吻數目顅脰小體騫腹若是者謂之羽屬恒無力而輕其聲清陽而遠聞無力而輕則於任輕宜其聲清陽而遠聞於磬宜若是者以爲磬虡故擊其所縣而由其虡鳴釋曰上旣言鍾虡此說磬虡磬輕於鍾故畫鳥爲飾

注吻口膍也顧長脰貌故書顧或作牼鄭司農云牼讀為鬜頭無髮之鬜 釋曰云吻口膍者鳥乃喙長決物食之時別以近喙本決故云決吻鄭云吻口膍也云顧長脰貌者脰項也謂長項貌先鄭云讀為鬜頭無髮之鬜者時世有以無髮為鬜故讀從之亦取音同也此是鍾磬之虡不言鎛虡鎛虡與鍾同以其鎛如鍾而大獨在一虡為異耳

小首而長摶身而鴻若是者謂之鱗屬以為筍 注摶圜也鴻傭也 釋曰上論鍾磬之虡用鳥獸不同此論二者之筍同用龍蛇鱗物為之也故直云為筍不別言鍾之與磬欲見二者同也

凡攫閷援簭之類必深其爪出其目作其鱗之而 釋曰此及下經覆釋上文鍾虡之獸云攫閷者攫著則殺之援攫則簭之如此之類必藏其爪出其目又作其鱗之而鱗之而謂動頰頷此皆可畏之貌 注

謂筍簴之獸也深猶藏也作猶起也之而頰頷也　釋曰此說鍾虡之獸不言筍鄭言筍者筍虡相將之物故連言之耳云鱗之而頰頷也者舊讀頷字以沽罪反謂起其頰頷劉炫以爲於義無所取當爲頰頷譩讀之於義爲允也

深其爪出其目作其鱗之而則於眡必撥爾而怒苟撥爾而怒則於任重宜且其匪色必似鳴矣注匪采貌也故書撥作廢匪作飛鄭司農云廢讀爲撥飛讀爲匪以似爲發　釋曰此經重解上文之義鄭云匪采貌者以其以色配匪明匪是采貌也先鄭云以似爲發者以似非直實故爲發發謂鳴聲發動者也

爪不深目不出鱗之而不作則必穨爾如委矣苟穨爾如委則加任

焉則必如將廢措其匪色必似不鳴矣

注措猶頓也故書措作厝杜子春云當爲措　釋曰此經說脂者膏者止可爲牲不可以爲虡之義也子春從措不從厝者厝置之義非措頓故從措也

梓人爲飲器勺一升爵一升觚三升獻以爵而酬以觚一獻而三酬則一豆矣

注勺尊升也觚豆字聲之誤觚當爲觶豆當爲斗　釋曰爵制今韓詩說一升曰爵二升曰觚三升曰觶四升曰角五升曰散古周禮說亦與之同謹案周禮一獻三酬當一豆即觚二升不滿豆矣鄭玄駁之云觶字角旁支汝潁之間師讀所作今禮用旁單古書或作角旁氏角旁氏則與觚字相近學者多聞觚寡聞觗寫此書亂之而作觚耳又南郡太守馬季

長說一獻而三酬則一豆豆當爲斗一爵三觶相近禮器制度云觚大二升觶大三升是故鄭從二升觚三升觶也鄭云觚豆字聲之誤者觶字爲觚是字之誤斗字爲豆是聲之誤

食一豆肉飲一豆酒中人之食也 注一豆酒又聲之誤當爲斗

凡試梓飲器鄉衡而實不盡梓師罪之 注鄭司農云梓師罪也衡謂麋衡也曲禮執君器齊衡玄謂衡平也平爵鄉口酒不盡則梓人之長罪於梓人焉 釋曰先鄭云梓師罪也者謂梓師身自得罪後鄭不從者梓師是梓官之長不可自受罪故爲梓師罪梓人也先鄭云衡謂麋衡也者麋即眉也但器有大小不可據上畔與眉平故後鄭不從據下畔無問大小皆得平也引曲禮者彼衡謂與心平與此義異引之者雖於處不同平義相似故引之也

梓人爲侯廣與崇方參分其廣而鵠居一

焉 釋曰禮射有三有燕射賓射大射大射射鵠賓射燕射射侯法亦與此同 注 崇高也方猶等也高
廣等者謂侯中也天子射禮以九爲節侯道九十弓弓二
寸以爲侯中高廣等則天子侯中丈八尺諸侯於其國亦
然鵠所射也以皮爲之各如其侯也居侯中參分之一則
此鵠方六尺唯大射以皮飾侯大射者將祭之射也其餘
有賓射燕射 釋曰云高廣等者謂侯中也者鄉射記云
弓二寸以爲侯中中則身也云天子射禮以九爲節者案
射人及樂師皆云天子以騶虞九節是也云侯道九十弓
者此約大射禮大侯九十弓天子九節亦九十弓可知云
弓二寸以爲侯中者鄉射記文鄉侯五十弓弓二寸以侯
中侯中一丈則九十弓者侯中丈八尺云諸侯於其國亦
然者大射禮云大侯九十糝侯七十豻侯五十是也但天
子九十弓無文約取畿外諸侯有九十七十五十弓今此
以天子至尊爲主以諸侯亦如之云鵠所射也者射義云
爲人君者以爲君鵠爲人臣者以爲臣鵠又云循聲而發

發而不失正鵠者其唯賢者乎是所射者也云以皮為之各如其侯也者侯謂以皮飾兩畔其鵠之皮亦與飾侯用皮同也謂若虎侯以虎皮飾侯側其鵠亦用虎皮其餘熊豹麋等亦然云居侯中叅分之一者釋經叅分其廣而鵠居一焉云則此鵠方六尺者以侯方丈八尺三六十八故知方六尺也云唯大射以皮飾侯者對賓射射正者以五色飾侯之側為雲氣也燕射射獸侯者亦畫雲氣飾侯之側也云大射者將祭之射也者射義說大射之事云其容體比於禮其節比於樂而中多者得與於祭是將祭而射謂之大射也其餘有賓射燕射者禮射者有此三也賓射射人所掌是也燕射燕禮所云是也又鄉射記亦云燕射之事也其餘更有鄉射不言者鄉射射采侯則亦賓射也故不別言也

上兩个與其身三下兩个半之

釋曰此經云身即中上布一幅者是也上兩个居二分身居一分故云上兩个與其身三謂三分如等也云下兩个半之諸謂

半其出者也一侯二侯三侯皆然故不定侯名也

注　鄭司農云兩个謂布可以維持侯者也上方兩枚與身三設身廣一丈兩个各一丈凡爲三丈下兩个半之傳地故短也玄謂个讀若齊人搚幹之幹上个下个皆謂舌也身躬也鄉射禮記曰倍中以爲躬倍躬以爲左右舌下舌半上舌然則九節之侯身三丈六尺上个七丈二尺下个五丈四尺其制身夾中个夾身在上下各一幅此侯凡用布三十六丈言上个與其身三者昕身居一分上个倍之耳亦爲下个半上个出也个或謂之舌者取其出而左右也侯制上廣下狹蓋取象於人也張臂八尺張足六尺是取象率焉　釋曰先鄭意身即與中爲一謂方丈者其上又加布一幅長二丈爲兩个後鄭不從者侯有中有躬有个三者今先鄭唯有身不見中故不從之也玄謂个讀若齊人搚幹之幹者讀從公羊傳桓公朝齊齊侯使公子彭生搚幹而殺之是幹爲脅骨故云搚幹之幹此个亦與侯爲幹故讀從之也引鄉射記者欲見有中有躬有舌三者云

下个五丈四尺者其上兩个各出丈八尺今此下个止出九尺兩畔共減十八尺故有五丈四尺云此侯凡用布三十六丈者古者布幅廣二尺二寸二寸爲縫皆以二尺計之此侯是九十弓侯侯中丈八尺則九幅布布長丈八尺九幅九丈幅有八尺爲七丈二尺添前爲十六丈二尺上下躬各三丈六尺即上下共爲七丈二尺其上个七丈二尺下个有五丈四尺添前揔用布三十六丈也其七十弓侯侯中一丈四尺其五十弓侯侯中一丈皆倍中以爲躬倍躬以爲左右个計之皆可知也

上綱與下綱出舌尋縜寸焉

注綱所以繫侯於植者也上下皆出舌一尋者亦人張手之節也鄭司農云綱連侯繩也縜籠綱者縜讀竹中皮之縜舌維持侯者　釋曰綱以繫侯於植者也植則在兩傍邪豎之也必知邪豎之者下个半上个皆出舌尋明知兩相皆邪向外豎之也

張皮侯而棲鵠則春以功

釋曰云張皮侯

者天子三侯用虎熊豹皮飾侯之側號曰皮侯而棲鵠者各以其皮爲鵠名此爲鵠者綴於中央似鳥之棲故云而棲鵠 注 皮侯以皮所飾之侯司裘職曰王大射則共虎侯熊侯豹侯設其鵠謂此侯也春讀爲蠢蠢作也出也天子將祭必與諸侯羣臣射以作其容體出其合於禮樂者與之事鬼神焉 釋曰天子將祭已下皆取射義之意以解此也

張五采之侯則遠國屬

釋曰此據賓射之侯言五采是九十弓之侯若七十弓者則三正五十弓者則二正也言遠國屬者對畿內諸侯爲遠國若以要服以內對夷狄諸侯則夷狄爲遠國也 注 五采之侯謂以五采畫正之侯也射人職曰以射法治射儀王以六耦射三侯三獲三容樂以騶虞九節五正下曰若王大射則以貍步張三侯明此五正之侯非大射之侯明矣其職又曰諸侯在朝則皆比面遠國屬者若諸侯朝會王張此侯與之射所謂賓射也正之方外如鵠內二尺五采者內朱白次之

蒼次之黄次之黑次之其侯之飾又以五采畫雲氣焉
釋曰鄭引射人職賓射及大射二者喩破賈馬以此五采
與上春以功爲一物故云非大射之侯明矣云正之方外
如鵠者唯云參分其侯鵠居一焉不見賓射之侯故云如
鵠亦當參分其侯正居一焉云内二尺者中央畫朱方二
尺故司裘注引諸家方二尺曰正以此二尺爲本其外以
白倉等充其尺寸使大如鵠也凡畫正皆先以朱次白次
青次黄次玄以射是相剋伐之事故還以向南爲本其次
皆以相剋爲次其三正者去玄黄二正者又去白青直以
朱緑也云其侯之飾又以五采畫雲氣焉者皮侯以皮爲
飾其側此正即畫明其側亦以雲氣爲飾也

張獸侯則王以息燕 注 獸侯畫獸之侯也鄉射記曰凡侯天子熊侯白質諸侯麋侯赤質大夫布侯畫以虎豹士布侯畫以鹿豕凡畫者丹質是獸侯之差也息者休農息老物也燕謂勞使臣若與羣臣飲酒而射 釋曰此燕射之侯也引鄉射記白質赤質者皆

以白土赤土塗之大夫士言布謂白布不塗君畫一臣畫二取陽奇陰偶之義畫虎熊豹取君臣相犯畫麋鹿豕者取其君臣相養凡畫者丹質以周尚赤故以赤爲質地也云息者休農息老物也者謂十月農功畢君臣飲酒以休農止息之老萬物也云燕謂勞使臣若與羣臣飲酒而射者勞使臣謂若四牡勞使臣之來若與羣臣飲酒者君臣間暇無事而飲酒云而射者息老物及勞使臣并無事飲酒三者燕皆有射法此燕射以其事褻天子已下唯有五十步侯而已無尊卑之別也

祭侯之禮以酒脯醢 注謂司馬實爵而獻獲者于侯薦脯醢折俎獲者執以祭侯 釋曰鄭云謂司馬實爵獻獲者于侯已下皆依大射而言彼雖諸侯禮天子射亦然又此不辨大射賓射燕射則三等射皆同案大射司馬正洗散遂實爵獻服不服不侯西北三步北面拜受爵乃祭侯左右个及中

其辭曰惟若寧侯 注若猶女也寧安也謂先有功德其

鬼有神　釋曰祭侯者祭先有功德之侯若射侯則射不寧侯有罪者也下文毋或一經是也舉有功以勸示又與有罪以懲之故兩言之也

毋或若女不寧侯不屬于王所故抗而射女　注或有也若如也屬猶朝會也抗舉也張也

強飲強食詒女曾孫諸侯百福　注詒遺也曾孫諸侯謂女後世爲諸侯者

廬人爲廬器戈柲六尺有六寸殳長尋有四尺車戟常酋矛常有四尺夷矛三尋　注柲猶柄也八尺曰尋倍尋曰常酋夷長短名酋之言遒也酋近夷長矣　釋曰凡此經所云柄之長短皆通刃爲尺數而言八尺曰尋倍尋曰常皆約上文車有六等之數皆以四尺爲差而知之也云酋夷長短名酋近

夷長矣案上注以酋夷爲發聲則無義例至此而言長短名爲義解之者鄭意雖是發聲夷爲長故開口引聲而言之酋爲短故合口促聲而言之也

凡兵無過三其身過三其身弗能用也而無已又以害人 注人長八尺與尋齊進退之度三尋用兵力之極也而無已不徒止耳 釋曰此據極長者夷矛三尋而言云而無已又以害人者已止也謂不徒止又以害人人自己身也

故攻國之兵欲短守國之兵欲長攻國之人衆行地遠食飲饑且涉山林之阻是故兵欲短守國之人寡食飲飽行地不遠且不涉山林之阻是故兵欲長 注言罷羸

宜短兵壯健宜長兵　釋曰案司馬法云弓矢圍殳矛守戈戟助此言攻國之兵欲短則弓矢是也守國之兵欲長則殳矛是也言戈戟助者攻國守國皆有戈戟以助弓矢殳矛以其戈戟長短處中故也

凡兵句兵欲無彈刺兵欲無蜎是故句兵椑刺兵摶

注句兵戈戟屬刺兵矛屬故書彈或作但蜎或作絹鄭司農云但讀爲彈丸之彈彈謂掉也絹讀爲悁邑之悁悁謂橈也椑讀爲鼓鼙之鼙玄謂蜎亦掉也謂若井中蟲蜎之蜎齊人謂柯斧柄爲椑則椑隋圜也摶圜也　釋曰以戈有胡子其戟有援向外爲磬折又胡刃向下故皆得爲句兵也先鄭云絹讀爲悁邑之悁者猶如詩云中心悁悁是悁邑之意故以義讀之也椑讀爲鼓鼙之鼙者讀從樂記云鼓鼙之聲之鼙也玄謂蜎亦掉也者同是欲堅勁不欲柔軟者也謂若井中蟲蜎之蜎者俗讀之井中有蟲蜎蜎擾擾然也云椑隋圜者謂側方而去楞是也

轂兵

同強舉圍欲細細則校刺兵同強舉圍欲重重欲傳人傳人則密是故侵之注改句言毄容殳無刃同強上下同也舉謂手所操鄭司農云校讀爲絞而婉之絞重欲傳人謂矛柄之大者在人手中者侵之能敵也玄謂校疾也傳近也密審也正也人手操細以毄則疾操重以刺則正然則爲矜句兵堅者在後刺兵堅者在前

釋曰云改句言毄者上云句兵謂戈戟此經云毄是改句云毄以殳長丈二而無刃可以擊打人故云毄兵也云同強上下同也者謂本末及中央皆同堅勁故云同強也先鄭云校讀爲絞而婉之絞絞疾也者案昭元年虢之會叔孫穆子見楚公子圍曰美矣君哉及退會子羽謂子皮曰叔孫絞而婉注云絞切也故讀從之取切疾之義也云然則爲矜句兵堅者在後者以句兵向後牽之故云堅者在後也云刺兵堅者在前者以向前推之故云堅者在前也

言此者欲見句兵手執處欲得細細則手執之牢也刺兵執處欲得麤而勁則手穩也凡爲殳五分其長以其一爲之被而圍之參分其圍去一以爲晉圍五分其晉圍去一以爲首圍凡爲酋矛參分其長二在前一在後而圍之五分其圍去一以爲晉圍參分其晉圍去一以爲刺圍注被把中也圍之圜之也大小未聞凡矜八觚鄭司農云晉謂矛戟下銅鐏也刺謂矛刃胷也玄謂晉讀如王搢大圭之搢矜所捷也首殳上鐏也爲戈戟之矜所圍如殳夷矛如酋矛釋曰凡爲殳五分其長以其一爲之被而圍之者殳長丈二尺五分取一則得二尺四寸爲把處而圜

之也參分其圍去一以爲晉圍者後鄭云晉謂矜所捷也則殳於手把處亦有銅鐏擬捷地豎之言參分其圍去一以爲晉圍又五分其晉圍去一以爲首圍者鄭云圍之大小未聞則二者皆未知麤細也云首圍謂在上頭上頭宜梢細之也矛云刺圍者謂柄入刃處也云凡矜八觚者以經二者近手皆云圍之明不圓者爲八觚也先鄭云刺謂矛刃胷也者人胷當前故以前爲胷以其矛刃直前故名矛刃胷也玄謂晉讀如王搢大圭之搢者讀從典瑞云王搢大圭執鎮圭彼搢爲插此晉亦插故從之是以云矜所捷也 云首殳上鐏也者殳下有銅鐏取其入地此殳首無亦以上頭爲首而稍細之以其似鐏故鄭云首殳上鐏也云爲戈戟之矜所圍如殳者以其上文云句兵次云轂兵注云改句言轂容殳無刃此文即云殳以此互見言之足明戈戟之體與殳同也知夷矛與酋矛同者以其同是矛但長短爲異故知體亦同也

凡試廬事置而搖之以眡其

蜎也灸諸牆以眡其橈之均也橫而搖之注置猶樹也灸猶柱也以柱兩牆之間輗而內之本末勝負可知也正於牆牆以眡其勁也釋曰此經有三事置而搖之謂豎之於地上以手搖之以眡其蜎蜎然均否灸諸牆謂柱之兩牆觀其體之強弱均否橫而搖之謂橫置於膝上以一手執一頭搖之以眡其豎勁以否也六建既備車不反覆謂之國工注六建五兵與人也反覆猶軒輖釋曰知六建五兵與人者以其從上而下盧人所造有柄者戈戟殳與酋矛夷矛五兵而巳案上■有六等除軫與人四兵此云六建建在車上明無軫自取人與五兵爲六建可知也

周禮疏卷第四十八

周禮䟽卷第四十九

唐朝散大夫行大學博士弘文館學士臣賈公彥等撰

匠人建國 注立王國若邦國者 釋曰周禮單言國者據王國邦國連言據諸侯經旣單言國鄭兼言邦國者以其下文有王及諸侯城制明此以王國爲主其中兼諸侯邦國可知下文又有都城制則此亦兼都城

水地以縣 注於四角立植而縣以水望其高下高下旣定乃爲位而平地也 釋曰此經說欲置國城先當以水平地欲高下四方皆平乃始營造城郭也云於四角立植而縣者植即柱也於造城之處四角立四柱而縣謂於柱四畔縣繩以正柱柱正然後去柱遠以水平之法遥望柱高下柱高下定即知地之高下然後平高就下地乃平也乃後行下以景正四方之事

置槷以縣眡以景 釋曰

此經說既得平地乃於中營治也云置槷者槷亦謂柱也云以縣者欲取柱之景先須柱正欲須柱正當以繩縣而垂之於柱之四角四中以八繩縣之其繩皆附柱則其柱正矣然後眡柱之景故云眡以景也

注 故書槷或作弋杜子春云槷當爲弋讀爲杙玄謂槷古文臬假借字於所平之地中央樹八尺之臬以縣正之眡之以其景將以正四方也爾雅曰在牆者謂之杙在地者謂之臬

釋曰玄謂槷古文臬假借字者今之槷從木執聲之省者也古之槷爲臬法字故尚書康誥云女陳時臬臬法字亦得爲槷柱之字故云假借字也云於其所平之地中央樹八尺之臬以縣正之者天文志云夏日至立八尺之表通卦驗亦云立八神樹八尺之表故知樹八尺之臬臬即表也必八尺者案考靈曜曰從上向下八萬里故以八尺爲法也彼云八神此縣一也以於四角四中故須八神神即引也向下引而縣之故云神也云眡之以其景將以正四方也者即下云爲規識日出日入之景是也引爾雅在牆者

謂之杙在地者謂之臬者
證此臬是在地樹之者也

爲規識日出之景與日入之景

注日出日入之景其端則東西正也又爲規以識之者爲其難審也自日出而畫其景端以至日入既則爲規測景兩端之内規之規之交乃審也度兩交之間中屈之以指臬則南北正

釋曰云日出日入之景其端則東西正也者謂於前平地之中央立表訖乃於日出之時畫記景之端於日入之時又畫記景以繩測景之兩端則東西正矣云又爲規以識之者爲其難審也者謂此經爲規識日出與日入之景者爲景兩端長短難審故爲規規景也云自日出而畫其景端以至日入者還是景之兩端耳云既則爲規測景兩端之内規之規之交乃審也者謂於中臬以繩規取景之兩端一帀則景之遠近定遠近定則東西乃審云度兩交之間中屈之以指臬則南北正者兩交間正謂兩景端之半度景兩間中屈之以指臬則南北正必中屈之者欲夏日至日中漏半於臬

南向北所度之處於東西景端亦相當故須中屈之也

晝參諸日中之景釋曰前經已正東西南北恐其不審慎更以此

夜考之極星以正朝夕二者以正南北言朝夕即東西也南北正則東西亦正故兼言東西也**注**日中之景最短者也極星謂北辰　釋曰日中景最短者也者大司徒云日至之景尺有五寸以其在上臨下故最短也云極星謂北辰者當夜半考之爾雅云北極謂之北辰辰時也天下取正焉故謂之北辰極中也以居天之中故謂之北極也

匠人營國方九里旁三門釋曰案典命云上公九命國家宮室車旗衣服禮儀以九爲節侯伯子男已下皆依命數鄭云國家謂城方公之城蓋方九里侯伯七里子男五里并文王有聲詩箋云之天子當十二里此云九里者案下文有真殷則此九里通異代也鄭異義駁或云周亦九里城則

公七里侯伯五里子男三里不取典命等 注營謂丈尺其大小天子十二門通十二子 釋曰云丈尺據高下而言云大小據遠近而説也云天子十二門以通十二子者案孝經援神契云天子即政置三公九卿二十七大夫八十一元士愼文命下各十二子如是甲乙丙丁之屬十日爲母子丑寅卯等十二辰爲子故王城面各三門以通十二子也 **國中九經九緯經涂九軌** 注國中城内也經緯謂涂也經緯之涂皆容方九軌軌謂轍廣乘車六尺六寸旁加七寸凡八尺是爲轍廣九軌積七十二尺則此涂十二步也旁加七寸者輻内二寸半輻廣三寸半綆三分寸之二金轄之間三分寸之一 釋曰言九經九緯者南北之道爲經東西之道爲緯王城面有三門門有三塗男子由右女子由左車從中先鄭云旁加七寸者輻内二寸半者計轂在輻内九寸有餘今言輻内有二寸半者不加輿下覆轂者也 **左祖**

右社面朝後市 注王宮所居也祖宗廟面猶鄉也王宮當中經之涂也 釋曰言王宮所居也者謂經左右前後者據王宮所居處中而言之故云王宮所居也云王宮當中經之涂也者案祭義注云周尚左桓二年取郜大鼎納於大廟何休云質家右宗廟尚親親文家左宗廟尚尊尊義與此合案劉向別録云路寢在北堂之西社稷宗廟在路寢之西又云左明堂辟廱右宗廟社稷皆不與禮合鄭皆不從之矣 市朝一夫 注方各百步 釋曰案司市市有三期總於一市之上爲之若市總一夫之地則爲大狹蓋市曹司次介次所居之處與天子三朝皆居一夫之地各方百步也 夏后氏世室堂脩二七廣四脩一 注世室者宗廟也魯廟有世室牲有白牡此用先王之禮脩南北之深也夏度以步令堂脩十四步其廣益以四分脩之一則堂廣十七步半 釋曰鄭云此用先王之禮者世室用此經夏

法白牡用殷法皆是用先王之禮也云夏度以步者下文云三四步明此二七是十四步也云令堂脩十四步者言假令以此堂云二七約之知用步無正文故鄭以假令言之也知堂廣十七步半者以南北爲脩十四步四分之取十二步益三步爲十五步餘二步益半步爲二步半乃前十五步是十七步半也

五室三四步四三尺

注堂上爲五室象五行也三四步室方也四三尺以益廣也木室於東北火室於東南金室於西南水室於西北其方皆三步其廣益之以三尺土室於中央方四步其廣益之以四尺此五室居堂南北六丈東西七丈

釋曰云五室象五行者以其宗廟制如明堂明堂之中有五天帝五人帝五人神之坐皆法五行故知五室象五行也東北之室言木東南之室言火西南之室言金西北之室言水五行先起東方故東北方之室言木其實東北之室兼水矣東南之室兼木矣西南之室兼火矣西北之室兼金矣以其中央大室有四堂四角

之室皆有堂故知義然也中央之室大一尺者以其在中號爲大室故多一尺也云此五室居堂南北六丈東西七丈者以其大室居中四角之室皆於大室外接四角爲之大室四步四角室各三步則南北三室十步故六丈東西三室六丈外加四三尺又一丈故七丈也 **九階** 注南面三三面各二 釋曰案賈馬諸家皆以爲九等階鄭不從者以周殷差之夏人卑宮室當一尺之堂爲九等階於義不可故爲旁九階也鄭知南面三階者見明堂位云三公中階之前北面東上諸侯之位阼階之東西面北上諸伯之國西階之西東面北上故知南面三階也知餘三面各二者大射禮云工人士與梓人升自北階又雜記云夫人至入自闈門升自側階奔喪云婦人奔喪升自東階以此而言四面有階可知 **四旁兩夾窻** 注窻助戶爲明每室四戶八窻 釋曰言四旁者五室室有四戶四戶之旁皆有兩夾窻則五室二十戶四十窻也 **白盛** 注蜃灰也盛之言成也以

蜃灰堊牆所以飾成宮室 釋曰地官掌蜃掌供白盛之蜃則此蜃灰出自掌蜃也云以蜃灰堊牆者爾雅云地謂之黝牆謂之堊堊即白蜃堊之使辟白也

門堂三之二

注門堂門側之堂取數於正堂令堂如上制則門堂南北九步二尺東西十一步四尺爾雅曰門側之堂謂之塾 釋曰鄭云令堂如上制者以上堂不言步故此注亦云令假令如上制南北十四步東西十七步半令云三之二謂三分取二分以十四步取十二步三分之得八步二步爲丈二尺三分之得八尺以六尺爲一步添前爲九步餘二尺故云南北九步二尺也云東西十一步四尺者十七步半以十五步得十步餘二步半爲丈五尺三分之得一丈以六尺爲一步餘四尺添前爲十一步四尺也引爾雅門側之堂謂之塾者證此經門室爲塾之義也尚書顧命左塾右塾亦此類也

室三之一

注兩室與門各居一分 釋曰此室即在門堂之上作之也言各居一分者謂兩室與門各居一分鄭不言尺

數義可知故略而不言也殷人重屋堂脩七尋堂崇三尺四阿重屋注重屋者王宮正堂若大寢也其脩七尋五丈六尺放夏周則其廣九尋七丈二尺也五室各二尋崇高也四阿若今四注屋重屋複笮也　釋曰云王宮正堂若大寢也者謂對燕寢側室非正故以此爲正堂大寢也言放夏周者夏在殷前可得言放其周在殷後亦言放者此非謂殷人放周而爲之鄭直據上文夏法下文周法言放猶言約夏周者也雖言放夏周經云堂脩七尋則其廣九尋若周言南北七筵則東西九筵是偏放周法而言放夏者七九偏據周夏后氏南北狹東西長亦是放之故得兼言放夏也云四阿若今四注屋者燕禮云設洗當東霤則此四阿四霤者也云重屋複笮也者若明堂位云復廟重檐鄭注云重檐重承壁材也則此複笮亦重承壁材故謂之重屋周人明堂度九尺之筵東西

九筵南北七筵堂崇一筵五室凡室二筵

注 明堂者明政教之堂周度以筵亦王者相改周堂高九尺殷三尺則夏一尺矣相參之數禹卑宮室謂此一尺之堂與此三者或舉宗廟或舉王寢或舉明堂互言之以明其同制 釋曰此記人據周作說故其文備於周而略於夏殷是以下文皆據周而說也以夏之世室其室皆東西廣於南北也周亦五室直言凡室二筵不言東西廣鄭亦不言東西益廣或五室皆方二筵與夏異制也若然殷人重屋亦直云堂脩七尋不言室如鄭意以夏周皆有五室十二堂明殷亦五室十二堂云明堂者明政教之堂者以其於中聽朔故以政教言之明堂者明諸侯之尊卑孝經緯援神契云得陽氣明朗謂之明堂以明堂義大故所合理廣也云周度以筵亦王者相改者對夏度以步殷度以尋是王者相改也云周堂高九尺殷三尺則夏一尺矣者夏無文以後代文而漸高則夏當一尺故云相參之數禹

里宮室謂此一尺之堂與言與者以無正文故言與以疑之也云此三者或舉宗廟或舉王寢或舉明堂互言之以明其同制者互言之者夏舉宗廟則王寢明堂亦與宗廟同制也殷舉王寢則宗廟明堂亦與王寢同制也周舉明堂則宗廟王寢亦與明堂制同也云其同制者謂當代三者其制同非謂三代制同也若然周人殯於西階之上王寢與明堂同則南北七筵惟有六十三尺三室居六筵南北共有一筵一面惟有四尺半何得容殯者案書傳云周人路寢南北七雉東西九雉室居二雉則三室之外南北各有半雉雉長三丈則各有一丈五尺足容殯矣若然云同制者直制法同無妨大矣據周而言則夏殷王寢亦制同而大可知也**室中度以几堂上度以筵宮中度以尋野度以步涂度以軌** 注周文者各因物宜為之數室中舉謂四壁之内 釋曰云周文者各因物宜為之數者對殷已上質夏

度以步殷度以尋無異稱也因物宜者謂室中坐時馮几堂上行禮用筵宮中合院之內無几無筵故用手之尋也在野論里數皆以步故用步涂有三道車從中央故用車之軌是因物所宜也云室中舉謂四壁之內者對宮中是合院之內依爾雅宮猶室室猶宮者是散文宮室通也

廟門容大扃七个注大扃牛鼎之扃長三尺每扃爲一个七个二丈一尺　釋曰知大扃牛鼎之扃長三尺者此約漢禮器制度

闈門容小扃參个注廟中之門曰闈小扃腳鼎之扃長二尺參个六尺　釋曰云廟中之門曰闈門有爾雅文此即雜記云夫人至入自闈門是也云小扃腳鼎之扃長二尺者亦漢禮器制度知之腳鼎亦牛鼎但上牛鼎扃長三尺據正鼎而言此言腳鼎據陪鼎三腳膷臐膮而說也

路門不容乘車之五个注路門者大寢之門乘車廣六尺六寸五个三丈三尺言不容者是兩門乃容之兩門乃

容之則此門半之丈六尺五寸 釋曰下云應門則此路門以近路寢故特小為之經言乘車知據輿廣六尺六寸者案輿人云輪崇車廣衡長參如一鄭注云車輿也故知此云車亦據輿也云言不容者是兩門乃容之者若容兩个三个四个正應云容乘車之兩个三个四个若四个上復有餘分應云四个然後見其分數多少今直云不容乘車之五个明兩門乃容之猶如上文云中地食者其民可任者二家五人之類也

應門二徹參个 注正門謂之應門謂朝門也二徹之内八尺三个二丈四尺 釋曰云正門謂之應門者爾雅文以其應門內路門外有正朝臣入應門至朝處君臣正治之所故謂此門爲應門是以鄭云謂朝門也

內有九室九嬪居之外有九室九卿朝焉 注內路寢之裏也外路門之表也九室如今朝堂諸曹治事處九嬪掌婦學之法以教九御六卿三孤爲九卿 釋曰內外據路寢之表裏言

之則九卿之九室在門外正朝之左右爲之故鄭據漢法朝堂諸曹治事處謂正朝之左右爲廬舍者也云九嬪掌婦學之法以教九御者九嬪職文案内宰王有六宮九嬪已下分居之若然不得復分居九室矣此九嬪之九室與九卿九室相對而言之九卿九室是治事之處則九嬪九室亦是治事之處故與六宮不同是以鄭引九嬪職掌婦學之法則九室是教九御之所也云六卿三孤爲九卿孤同卿數者以命數同故也案昏義以夏之九卿謂三孤與六卿爲九此云九卿亦謂周之三孤六卿爲九卿

九分其國以爲九分九卿治之

注九分其國分國之職也三孤佐三公論道六卿治六官之屬　釋曰云九分其國分國之職也者鄭恐九分其國分其地域故云分國之職也云三孤佐三公論道六卿治六官之屬者欲見分職爲九分之意以其三公三孤無正職天地四時正職六卿治之其餘非正職者分爲三分三公治之三孤則佐三公者也但三公中參

六官之事外與六卿之教書傳又云司徒公司馬公司空
公則三公六卿亦有職此亦據夏而言周則未見分爲九
分也

王宮門阿之制五雉宮隅之制七雉城隅之制九雉

注阿棟也宮隅城隅謂角浮思也雉長三丈高一丈度高以高度廣以廣

釋曰云王宮門阿之制五雉者五雉謂高五丈云宮隅之制七雉者七雉亦謂高七丈不言宮牆宮牆亦高五丈也云城隅之制九雉者九雉亦謂九丈不言城身城身宜七丈云阿棟也者謂門之屋兩下爲之其脊高五丈鄭以浮思解隅者案漢時云東闕浮思災言災則浮思者小樓也案明堂位云疏屏注亦云今浮思也刻之爲雲氣蟲獸如今闕上爲之矣則門屏有屋覆之與城隅及闕皆有浮思刻畫爲雲氣并蟲獸者也云雉長三丈高一丈度高以高度廣以廣者凡版廣二尺公羊云五版爲堵高一丈五堵爲雉書傳云雉長三丈度高以高長以長廣則長也言高

一雉則一丈言長一雉則三丈引之者證經五雉七雉九雉雉皆爲丈之義

經涂九軌環涂七軌野涂五軌

注廣狹之差也故書環或作轘杜子春云當爲環環涂謂環城之道　釋曰環涂謂遶城道如環然故謂之環也野涂國外謂之野通至二百里內以其下有都之涂三軌言都則三百里大夫家涂亦三軌也故知此野通二百里內也不言緯者以與經同也

門阿之制以爲都城之制

注都四百里外距五百里王子弟所封其城隅高五丈宮隅門阿皆三丈

釋曰鄭云都四百里外距五百里王子弟所封者則惟據大都而言不通小都卿之采地以司裘諸侯共熊侯豹侯卿大夫共麋侯則卿不入諸侯中此云都據諸侯而言故不及小都也大都諸侯兼三公直云王子其言略兼有三公可知云城隅高五丈者以上文王門阿五雉今云門阿之制爲都城制城制五雉若據城身則與下諸侯同故知

此城制據城隅也云宮隅門阿皆三丈者以下文畿外諸
侯尊得申爲臺門高五丈此畿内屈故宮隅門阿皆三丈
也　宮隅之制以爲諸侯之城制　注諸侯畿以外也其城隅制高
七丈宮隅門阿皆五丈禮器曰天子諸侯臺門　釋曰鄭
知諸侯畿以外者上文都據畿内諸侯故知此諸侯據畿
以外也引禮器者欲見諸侯門阿得與天子同之意也案
異義古周禮說云天子城高七雉隅高九雉公之城高五
雉隅高七雉侯伯之城高三雉隅高五雉都城之高皆如
子男之城高隱元年服注云與古周禮說同其天子及公
城與此匠人同其侯伯以下與此匠人說異者此匠人云
門阿之制以爲都城之制高五雉亦謂城隅也其城高三
雉與侯伯等如是子男豈不如都乎明子男城亦與伯等
是以周禮說不云子男及都城之高直云都城之高皆如
子男之城高有此匠人相參以知子男皆爲本耳亦互相
曉明子男之城不止高一丈隅二丈而已如是王宮隅之

制以爲諸侯城制者惟謂上公耳以此計之王城隅高九雉城高七雉上公之城隅高七雉城高五雉侯伯巳下城隅高五雉城高三雉天子門阿五雉則宮亦五雉其隅七雉上公之制鄭云宮隅門阿皆五雉則其宮亦五雉都之制鄭云宮隅門阿皆三雉則其宮高亦三雉何者天子門阿與宮等明知其餘皆等惟伯子男宮與都等其門阿蓋高於宮當如天子五雉何者禮器云天子諸侯臺門大夫下臺門以此觀之天子及五等諸侯其門阿皆五雉可知都城據大都而言其小都及家之城都當約中五之一家當小九之一爲差降之數未聞也

環涂以爲諸侯經涂野涂以爲都經涂注經亦謂城中道諸侯環涂五軌其野涂及都環涂野涂皆三軌　釋曰諸侯直云經涂不言緯涂緯涂亦與天子環涂同可知諸侯及都皆不言環涂野涂文略有可知故鄭增成之也知諸侯環涂五軌野涂三軌者以經涂七軌以下差降爲之故知義

然也又知都環涂野涂皆三軌者凡涂皆男子由右女子由左車從中央三者各一軌則都之野涂不得降爲一軌只以遂人注云路容三軌逕釋此也云都之野涂與環涂同以其野涂不得上於田閒川上之路故也

匠人爲溝洫注主通利田閒之水道釋曰古者人耕皆畎上種穀畎遂溝洫之閒通水故知通利田閒之道此文與[illegible]爲目下[illegible]爲之耳耜廣五寸二耜爲耦一耦之伐廣尺深尺謂之畎田首倍之廣二尺深二尺謂之遂釋曰云耜謂耒頭金金廣五寸耒面謂之庛庛亦當廣五寸云二耜爲耦者二人各執一耜若長沮桀溺耦而耕此兩人耕爲耦共一尺一尺深者謂之畎畎上高土謂之伐伐發也以發土於上故名伐也此二人雖共發一尺之地未必並發知者孔子使子路問津於長沮長沮不對又問桀溺若並

頭共發不應別開衆溺明前後不並可知　注　古者耜一

雖有前後其畎自得一尺不假要並也　金兩人併

發之其壟中曰甽甽上曰伐伐之言發也甽畎也今之耜

岐頭兩金象古之耦也田一夫之所佃百畝方百步地遂

者夫間小溝遂上亦有徑　釋曰鄭云古者耜一金者對

後代耜岐頭二金者云兩人併發之者謂共爲一畎謂二

人並頭也云今之耜岐頭者至後漢用牛耕種故有岐頭

兩腳耜今之猶然也但以牛種用二耜則畎下布種與古

異也云田一夫之所佃百畝方百步地者遂人云夫一廛

田百畝彼雖爲溝洫法一夫則與此同也云遂者夫間小

溝遂上亦有徑者案遂人云夫間有遂遂上有徑彼溝洫

法此井田法雖不同遂在夫間遂上有徑則同故云亦有

徑也案彼鄭云以南畝圖之遂縱溝橫洫縱澮橫九澮而

川周其外以彼遂在夫間故以南畝遂則縱矣此井田云

田首倍之爲遂以南

畝圖之遂即橫也　九夫爲井井間廣四尺深

四尺謂之溝方十里爲成成閒廣八尺深八尺謂之洫方百里爲同同閒廣二尋深二仞謂之澮釋曰井田之法畎縱遂横溝縱洫横澮縱自然川横其夫閒縱者分夫閒之界耳無遂其遂注溝溝注入洫洫注入澮澮注自然入川此圖略舉一成於一角以三隅反之一同可見矣遂人云夫閒有遂以南畝圖之則遂縱而溝横此不云夫閒有遂云田首倍之謂之遂遂則横而溝縱也自餘洫澮川依此遂溝縱横參之可知但彼云九澮而川周其外川則人造之此百里有澮澮水注入川相去遠故宜爲自然川也自畎遂溝洫皆廣深等其澮廣二尋深二仞若以孔安國八尺曰仞則澮亦廣深等但度廣以尋度深以仞故別言之若王肅依爾雅四尺曰仞深二仞八尺與廣二尋不類鄭以仞七尺淺於廣二尋二尺者以涂爲大故宜淺 校二

尺與溝洫不

注 此畿内采地之制九夫爲井井者方一里九夫所治之田也采地制井田異於鄉遂及公邑三夫爲屋屋具也一井之中三屋九夫三三相具以出賦稅共治溝也方十里爲成成中容一甸甸方八里出田稅緣邊一里治洫方百里爲同同中容四都六十四成方八十里出田稅緣邊十里治澮采地者在三百里四百里五百里之中載師職曰園廛二十而一近郊什一遠郊二十而三甸稍縣都皆無過十二謂田稅也皆就夫稅之輕近重遠耳滕文公問爲國於孟子孟子曰夏后氏五十而貢殷人七十而助周人百畝而徹其實皆什一徹者徹也助者藉也龍子曰治地莫善於助莫不善於貢貢者校數歲之中以爲常文公又問井田孟子曰請野九一而助國中什一使自賦卿以下必有圭田圭田五十畝餘夫二十五畝死徙無出鄉鄉田同井出入相友守望相助疾病相扶持則百姓親睦方里而井井九百畝其中爲公田八家皆私百畝同養公田公事畢然後治私事所以别野人

也又曰詩云雨我公田遂及我私惟耡爲有公田由此觀之雖周亦耡也魯哀公問於有若曰年饑用不足如之何有若對曰盍徹與曰二吾猶不足如之何其徹也春秋宣十五年秋初稅畝傳曰非禮也穀出不過藉以豐財也此數者世人謂之錯而疑焉以載師職及司馬法論之周制畿内用夏之貢法稅夫無公田以詩春秋論語孟子論之周制邦國用殷之耡法制公田不稅夫貢者自治其所受田貢其稅穀耡者借民之力以治公田又使收斂焉畿内用貢法者鄉遂及公邑之吏旦夕從民事爲其促之以公使不得恤其私邦國用耡法者諸侯專一國之政爲其貪暴稅民無藝周之畿内稅有輕重諸侯謂之徹者通其率以什一爲正孟子云野九夫而稅一國中什一是邦國亦異外内之法耳圭之言珪絜也周謂之士田鄭司農說以春秋傳曰有田一成又曰列國一同 釋曰云此畿内采地之制者對畿外諸侯亦制井田與此同云九夫爲井井者方一里九夫所治之田也者小司徒注似井字也云采

地制井田異於鄉遂及公邑者案遂人云夫間有遂十夫有溝百夫有洫千夫有澮萬夫有川方三十二里少半里九而方一同以南畝圖之遂縱溝橫洫縱澮橫九澮而川周其外若以九而方一同則百里之內九九八十一澮此井田則一同惟一澮既溝澮稀稠不同又彼溝洫法以爲貢子就夫稅之十一而貢此則九夫爲井井稅一夫美惡取於此不稅民之所自治是溝洫井田異也小司徒注不云異於公邑者據遂人成文此兼云公邑者據事實而說云三夫爲屋屋具也一井之中三屋九夫三三相具以出賦稅共治溝也者一井有九夫據南畝言之則三夫並一屋而三屋相具以出賦稅井相具共治溝以言三屋共一井井間有溝故共治溝也云方十里爲成成中容一甸甸方八里出田稅緣邊一里治洫者司馬法有二法有甸方八里出長轂一乘又有成方十里出長轂一乘言甸者據實出稅者而言云成者據通治溝洫而說爲有二種故鄭細分計之八里爲甸出田稅緣邊一里井之則二里治洫以成間有洫故使共治洫也云方百里爲同同中容四都六十四成者此據小

司徒而言彼經四縣爲都注云方四十里四都方八十里
旁加十里乃得方百里爲一同今言六十四成者據出田
稅者言之故云方八十里出田稅緣邊十里治澮也云采
地者在三百里四百里五百里之中者據載師職而言案
彼云家邑任稍地小都任縣地大都任畺地是三百里外
至畿五百里内言此者欲見三者采地之中有此井田助
法又引載師職園廛之下者欲見鄉遂及公邑之等爲溝
洫貢子法與采地井田異云輕近重遠耳者彼注云近者
多役故輕稅也滕文公問孟子爲國已下至以爲常皆孟
子對文公之辭自文公又問井田已下至雖周亦助案
彼是文公使畢戰問人以爲文公問者畢戰文公臣君
統臣功亦得爲文公問也云夏后氏五十而貢殷人七
十而助周人百畝而徹其實皆什一徹者徹也助者藉也
者並孟子對文公之辭案彼趙岐注夏禹之世號向氏后
君也禹受禪於君故夏稱后殷周順人心而征伐故言人
也民耕五十畝貢上五畝耕七十畝以七畝助公家耕百

畝者徹取十畝以爲賦雖異名而多少同故曰皆什一也徹猶人徹取物藉者借也猶人相借助之者或有解者云三代受地多少應同今云夏后氏五十而貢殷人七十周人百畝者據地有不易一易再易幷六遂上地不易加五十畝有四等據授地之法夏言五十而貢者據一易之地家得二百畝常佃百畝荒百畝其佃百畝常稅之據二百畝爲稅百畝爲五十而貢殷人七十而助者據六遂上地百畝有萊五十畝而言百五十畝稅一百畝猶百畝稅七十五畝舉全數言之故云七十畝而助也周人百畝而徹者據上地不易者而言百畝全稅之故云百畝而徹也夏據一易之地亦有上地不易上地加五十畝者殷據上地加萊則亦有一易及上地無萊者也周言百畝而徹則亦有上地有萊及一易者也三代皆不言再易三百畝者明皆有可知以其云貢貢予無助法殷人云助稅井無貢法周人云徹貢助兼有也云龍子曰治地莫善於助莫不善於貢貢者校數歲之中以爲常者案彼趙岐注龍子古賢

人也言治地之賦無善於助者也貢者校數歲以爲常類而上之民供奉之有易有不易故謂貢爲莫不善之也孟子本爲莫不善於貢今注有無不字者蓋轉寫脫耳文公又問案彼文公使畢戰問孟子孟子對此辭上文公揔問爲國之法故對助貢兼有此問井田之法孟子云請野九一而助國中什一使自賦者彼注云九一者井田以九頃爲數而供什一郊野之賦也助者殷家稅名周亦用之龍子所謂善於助者也時諸侯不行助法國中什一者周禮園廛二十而稅一時行重賦責之什一也而如也自從也孟子欲請使野人如助法什一而稅之國中從其本賦二十而稅一以寬之又云卿以下必有圭田圭田五十畝餘夫二十五畝注云古者卿以下至於士皆受圭田五十畝所以供祭祀圭絜也上田故謂之圭田所謂惟士無田則亦不祭言絀士無絜田也井田之民養公田者受百畝圭田半之故五十畝餘夫者一家一人受田其餘老小有餘力者受二十五畝半於圭田謂之餘夫也受田者田業多

少有上中下周禮曰餘夫亦如之亦如上中下之制也王制曰夫圭田無征謂餘夫圭田皆不出征賦時無圭田餘夫孟子欲令復古所以重祭祀利民之道也云死徙無出鄉注云死謂葬也徙謂變土易居平肥磽也不出其鄉易爲功云鄉田同井出入相友守望相助疾病相扶持則百姓親睦注云同鄉之田共井之家各相勞也出入相友相友偶也周禮大宰八曰友以任得民守望相助助察姦也疾病相扶持扶持其羸弱也救其困急皆所以教民相親睦之道睦和也但鄉遂爲溝洫法而云鄉田同井者此謂殷之助法雖鄉亦爲井田故云鄉田同井以其孟子雜説三代故也云方里而井井九百畝其中爲公田八家皆私百畝同養公田公事畢然後治私事所以別野人也注云方一里者九百畝之地也爲一井八家各私得百畝同共養其公田之苗公田八十畝其餘二十畝以爲廬宅園圃家二畝半也先公後私遂及我私之義也則是野人之事所以別於士伍者也鄭所引孟子證井田之法則卿已下必

有圭田及餘夫其文既間在井田之中則二者亦爲井田之法故引之也云又曰詩曰至亦助也案彼是上文孟子對滕文公爲國之法今退在此者詩是周井田之法故引之在下也云雖周亦助者是周兼夏殷助貢也云魯哀公論語文案彼注二謂十二而稅但哀公巳行十二而稅有若亦知哀公十二故抑之使從十一之正而云盍徹盍何不也徹通也謂十一之通稅哀公憂國有若憂民故也春秋者宣公欲厚斂棄中央一夫之公田就八家之私田以取之故譏厚斂也云穀出不過藉者藉即借也借民力所治公田是也云此數者世人謂之錯者論語孟子春秋與詩文義不同故世人謂之錯而疑焉云以載師職及司馬法論之周制畿内用夏之貢法稅夫無公田者以出人疑之爲錯故鄭以諸文辨之案載師職云從國中園廛二十而一及甸稍縣都無過十二皆據鄉遂及四等公邑皆用夏之貢法云司馬法者案左氏杜服所引司馬法云甸方八里出長轂一乗鄭注論語引司馬法云成方十里出長轂

一井鄭注小司徒引司馬法成方十里士十人徒二十人並據郊遂之外及采地法未見鄭所引證周之畿內之事而云以司馬法論必論周之畿內用夏之貢法者但彼司馬法必論周之畿內用夏之貢法非鄭虛言但餘齊所不見耳云以詩春秋論語孟子論之周制邦國用殷之助法制公田不稅夫者詩云雨我公田公田是助法春秋初稅畝亦是助法論語云盍徹乎徹是天下之通法亦助法也孟子答畢戰井田引詩爲證亦周之助法故總云助法不稅夫也云貢者自治其所受田貢其稅穀助者借民之力以治公田者鄭重釋夏貢殷助之事皆取孟子爲義也云畿內用貢法者至恤其私者鄉遂公邑之內皆鄰里比閭等治民之官旦夕從民事因此促之使先治公田故不得恤其私故爲貢法不得有公田也云邦國用助法諸侯專一國之政爲其貪暴稅民無藝者藝謂準法宣公初稅畝就井田上取民之所自治況爲貢法有何準法故爲井田不爲貢也周之畿內稅有輕重者鄭云近者多役故輕其

稅云諸侯謂之徹者通其率以什一爲正者謂郊外用莇郊內用貢故引孟子云野九夫而稅一國中什一此云野九夫而稅一即彼云請野九一而莇此云國中什一即彼云國中什一使自賦云九一而莇者一井九夫之地四面八家各自治一夫中央一夫八家各治十畝八家治八十畝八公餘二十畝八家各得二畝半以爲廬宅井竈葱韭是十外稅一也國內據民住在城中其地即在郊內郊外縣遂之民爲溝洫爲貢法言十一亦十外稅一者也漢書食貨志既有井田饒民二畝半之事是以宋均注樂緯何休注公羊趙岐注孟子皆饒民詩云倬彼甫田歲取十千鄭云井稅一夫其田百畝通稅十夫其田千畝成稅百夫其田萬畝不言饒民者以經云歲取十千校一成之內舉全數而言鄭亦順經從整數而說其實與諸家不殊也云邦國亦異外內者上云幾內畿外據天子揔天下大判而言此既引孟子野與國中不同是細而分之邦國亦做天子異外內也云圭之言珪絜也者謂有珪絜之德也云周

謂之士田者邶載師士田是也先鄭引春秋者有田一成
事在哀元年彼夏后相爲澆所滅其子少康奔虞思爲庖
正有田一成有衆一旅據一成之地有九百夫宮室塗巷
三分去一餘六百夫上地家百畝中地家二百畝下地家
三百畝通率三家受六夫之地則一成六百夫定受地百
三百家而云有衆一旅五百家者據上地多家亦多也又
曰列國一同者事在襄二十五年彼鄭子產適晉獻捷晉
人責之何故侵小子產對曰昔天子之地一圻列國一同
自是以衰今大國多數圻矣若無侵小何以至焉是也引
之者證經成與同之事也貢稅之法古來皆什一故孟子
說三代而云其實皆什一是以公羊傳云古者什一而藉
多乎什一大桀小桀注云奢泰多取於民比於桀也寡乎
什一大貉小貉注云蠻貉無社稷宗廟百官制度之費稅
薄什一者天下之中正也什一而行頌聲作矣注云聖人
制井田之法而口分之一夫一婦受田百畝以養父母妻
子五口爲一家公田十畝即所謂什一而稅也廬舍二畝

半凡爲田一頃十二畝半八家而九頃共爲一井故曰井
田孟子又云白圭曰吾欲二十而取一何如孟子曰子之
道貉道也欲輕之於堯舜之道者大貉小貉也欲重之於
堯舜之道者大桀小桀也率指言先王案典籍萬世可道
什一供貢下富上尊若然自古以
來貢與葪皆不得過什一者也
專達於川各載
其名 注達猶至也謂澮直至於川復無所注入載其名
者識水所從出 釋曰上澮水所入更無所入故
云直至於川云識水所從出者據澮水出注入川處諸澮
既多當各記水所出之處著其名使人言有所稱謂者也
凡天下之地埶兩山之間必有川焉大川之
上必有涂焉 注通其壅塞 釋曰此言同間有澮澮
水入川其川是自然而有又非平地而
必因山間有之又大川川不可輒越巡川必當有涂
地勢然也言通其壅塞者川與涂皆是通其壅塞也 凡溝

逆地防謂之不行水屬不理孫謂之不行

注溝謂造溝防謂脉理屬讀爲洭孫順也不行謂決溢也禹鑿龍門播九河爲此逆防與不理孫也　釋曰經言凡溝注云謂造溝則此溝非謂廣深四尺在田閒者下云梢溝三十里而廣倍當是人所造溝瀆引水者故此鄭引鑿龍門播九河爲證既不得逆地防不理遜水不行當依地防理順行水乃可爲之川也禹鑿龍門播九河事見尚書禹貢

梢溝三十里而廣倍

注謂不墾地之溝也鄭司農云梢讀爲桑螵蛸之蛸蛸謂水漱齧之溝故三十里而廣倍　釋曰此溝雖是不墾地之溝與上異亦是非田閒者也必使三十里得廣倍者亦謂地勢而爲之使水梢溝故得三十里而廣倍也先鄭云梢讀爲桑螵蛸之蛸蛸謂水漱齧之溝上云梢其鑿亦讀從螵蛸之蛸同是梢齧之義故同讀從之也

凡行奠水磬折以參伍

注坎爲弓輪水行欲紆曲也鄭司農云奠讀爲停謂行停水溝形當如磬直行三折行五以引水者疾焉　釋曰言凡行停水者水去遲似停在上由川直故也是以曲爲之因其曲勢則水去疾是以爲磬折以參伍也云坎爲弓輪者說卦文謂坎所以行水如弓輪則水疾故云行水欲紆曲也

欲爲淵則句於矩

注大曲則流轉流轉則其下成淵　釋曰凡川溝欲得使數淵之深當句曲於矩使水勢到向上句曲尺則爲迴陵自然深爲淵驗今皆然也

凡溝必因水埶防必因地埶善溝者水漱之善防者水淫之

注漱猶齧也鄭司農云淫讀爲廞謂水於泥上留著助之爲厚玄謂淫讀爲淫液之淫　釋曰先鄭讀淫爲廞者周禮之內云廞者先鄭皆爲淫淫爲陳故此讀淫爲廞先鄭餘處淫廞既爲陳於此不得爲淤泥解之故後鄭不從也是以後鄭以淫液之淫爲義謂以淤

泥淫涱使厚也凡爲防廣與崇方其䋝參分去一注崇高也方猶等也䋝者薄其上釋曰凡爲隄防言廣與高等者假令堤高丈二尺下基亦廣丈二尺云其䋝參分去一者三四十二上宜廣八尺者也大防外䋝注又薄其上厚其下釋曰此文承上參分去一而云外䋝故云又薄其上厚其下雖不知尺數但知三分去一之外更去也凡溝防必一日先深之以爲式注程人功也溝防爲溝爲防也釋曰程人功者將欲造溝防先以人數一日之中所作尺數是程人功法式後則以此功程賦其丈尺步數言深者謂深淺尺數故下云已爲式然後可以傳衆力里爲式然後可以傳衆力注里讀爲已聲傳謂付之之誤也釋曰必破里爲已者里則於義無取爲已則於義合故從已也凡任索約大汲

其版謂之無任 注故書汲作没杜子春云當為汲玄謂約縮也汲引也築防若牆者以繩縮其版大引之言版橈也版橈築之則鼓土不堅矣詩云其繩則直縮版以載又曰約之格格椓之槖槖 釋曰引詩云其繩則直縮版以載者此大雅緜之篇文也又曰約之格格椓之槖槖者謂斯干美宣王之詩言築室百堵之時有此約椓之事彼注云格格猶歷歷也槖槖用力也引之者證索約約亦繩縮之事也 葺屋參分瓦屋四分 注各分其脩以其一為峻 釋曰葺屋謂草屋草屋宜峻於瓦屋云各分其脩以其一為峻者案上堂脩二七言之則此注脩亦謂東西為屋則三分南北之間尺數取一以為峻假令南北丈二尺草屋三分取四尺為峻瓦屋四分取三尺為峻也 囷窌倉城逆牆六分 注逆猶郤也築此四者六分其高郤一分以為閷囷圜倉穿地曰窌 釋曰地上為之方曰倉圜曰囷穿地曰窌郤

牆六分者六分其高去一以爲殺假令高丈二尺下厚四尺則於上去二尺爲網上惟二尺其囷倉城地上爲之須爲此殺其窌入地亦爲此網智雖入地口宜寬則牢固也

堂涂十有二分 注謂階前若今令甓裓也分其督旁之脩以一分爲峻也爾雅曰堂涂謂之陳　釋曰鄭云若今令甓裓也者漢時名堂涂爲令甓裓令甓則今之塼也裓則塼道者也云分其督旁之脩者名中央爲督督者所以督率兩旁脩謂兩旁上下之尺數假令兩旁上下尺二寸則取一寸於中央爲峻峻者爭水兩向流去故也引爾雅者釋宮文即詩云彼何人斯胡逝我陳言涉堂涂引之證陳與此堂涂爲一也

竇其崇三尺 注宮中水道　釋曰言爲竇通水高不得過此案禮記儒行云華門圭竇則此竇一也

牆厚三尺崇三之 注高厚以是爲率足以相勝　釋曰云高厚以是爲率之者高恒兩倍於厚不要厚三尺高九尺假令厚六丈高

丈八尺皆依此法故云以是爲率足以相勝也

周禮疏卷第四十九

周禮疏卷第五十

唐朝散大夫行大學博士弘文館學士臣賈公彥等撰

車人之事半矩謂之宣注矩法也所法者人也人長八尺而大節三頭也腹也股也以三通率之則矩二尺六寸三分寸之二頭髮皓落曰宣半矩尺三寸三分寸之一人頭之長也柯欘之木頭取名焉易巽爲宣髮 釋曰言車人之事謂車人爲造車之事此與下爲摠目也云半矩謂之宣者以下文取此宣爲尺度故先定宣之長短如上十分寸之一謂之拔之類也知所法者人也者以易云巽爲宣髮則人頭名宣又見下云一柯有半謂之磬折與人帶巳下四尺半爲磬折同故知法人也人長八尺巳下鄭欲推出宣之長短之數以人長八尺三分之六尺各得二尺共二尺又取尺八三分之各得六寸又以二寸寸爲三分爲六分三分

之各三分寸之二故云頭也腹也脛也以三通率之則二尺六寸三分寸之二也云頭髮皓落曰宣者以得謂宣去之義人髮皓白則落墮故云此者解頭名宣意也云半矩尺三寸三分寸之一人頭之長也者矩旣二尺六寸三分寸之二故減半爲人頭之長有此數也云柯欘之木頭取名焉者下云一宣有半謂之欘一欘有半謂之柯柯欘皆從宣上取數故云頭取名焉頭取名焉猶言取名於頭也云易曰巽爲宣髮者案說卦云其於人爲宣髮注宣髮取四月靡草死髮在人體猶靡草在地今易文不作宣作寡者蓋宣寡義得兩通故鄭爲宣不作寡也引之者證宣爲頭意也

一宣有半謂之欘 注欘斲斤柄長二尺爾雅曰句欘謂之定 釋曰一宣有半得長二尺者以一宣尺三寸三分寸之一取半添之一尺得五寸三寸每寸三分得九分并前一分爲十分取半得五分三分爲一寸餘二分摠爲六寸三分寸之二添前尺三寸三分寸之一爲二尺也斲斤卽爾雅句一也

從云句欘謂之定故知此欘斲斤柄也**一欘有半謂之柯**注付木之柯柄長三尺詩云伐柯伐柯其則不遠鄭司農云蒼頡篇有柯欘釋曰知長三尺者以其欘長二尺云一欘有半故知三尺引詩者伐柯詩之文也先鄭引蒼頡者蒼頡造文字有篇名蒼頡云柯欘並是柄也**一柯有半謂之磬折**注人帶以下四尺五寸磬折立則上俛玉藻曰三分帶下紳居二焉紳長三尺釋曰此據人之所立磬折之儀以上有宣及欘柯之長短故因解人立磬折淺深也又下文造耒亦以磬折之故云之也云一柯有半謂之磬折據紳帶以下而言也引玉藻者案彼子游曰參分帶下紳居二焉鄭注云三分帶下而天則帶高於中也以其人長八尺中則四尺今云三分帶下紳居二分明帶上有一分上三尺半是帶下有四尺半可知也

車人爲耒庛長尺有一寸中直者三尺有三寸上句者二尺有二寸

釋曰此車人旣爲車因使爲耒之田器也庛者耒之面但耒狀若今之曲杴柄也面長尺有一寸云下直者謂手執處爲句故謂庛上句下爲中直者三尺有三寸也句者謂人手執之處二尺有二寸也

注 鄭司農云耒謂耕耒庛讀爲其頰有疵之疵謂耒下歧玄謂庛讀爲棘刺之刺刺耒下前曲接耜

釋曰先鄭云庛讀爲其顙有疵之疵者俗人謂顙額之上有疵病故從之也云謂耒下歧者古法耒下惟一金不歧頭先鄭云耒下歧據漢法而言其實古者耜不歧頭是以後鄭上注亦云今之耜歧頭明古者耜無歧頭也玄謂庛讀爲棘刺之刺者以其入地故讀從刺也云刺耒下前曲接耜者耜謂夫頭命故云下前曲接耜者也

自其庛緣其外以至於首以

弦其內六尺有六寸與步相中也注緣外六尺有六寸內弦六尺應一步之尺數耕者以田器爲度宜耜異材不在數中　釋曰云自其庇緣其外以至於首者據庇下至手執句者逐曲量之云以弦其內者據庇面至句下望直量之故云以弦其內內謂上下兩曲之內云六尺有六寸與步相中也者言逐曲之外有六尺六寸今弦其內與步相中中應也謂正與步相應應一步之尺數云耕者以田器爲度宜者在野度以步以人步或大或小恐其不平故以六尺之耒以代步以量地也云耜異材不在數中者耒知耜金廣狹要耒自長六尺不通耜若量地時脫去耜而用之也堅地欲直庇柔地欲句庇直庇則利推句庇則利發倨句磬折謂之中地注中地之耒其庇與直者如磬折則調矣調則弦六尺　釋曰此直庇及句庇皆不宜

六尺之度惟中地之耒合磬折者乃六尺之度故鄭云中地之耒其庛與直者如磬折則調矣調者謂弦六尺則餘句直者不合六尺可知也

車人爲車柯長三尺博三寸厚一寸有半五分其長以其一爲之首釋曰此車人謂造車之事凡造作皆用斧因以量物故先論斧柄長短及刃之大小也注首六寸謂今剛關頭斧柯其柄也鄭司農云柯長三尺謂斧柯因以爲度釋曰云謂今剛關頭斧者漢時斧近刃皆以剛鐵爲之又以柄關孔即今亦然故舉漢法爲說也

轂長半柯其圍一柯有半注大車轂徑尺五寸釋曰鄭知此是大車者此論轂輻牙下柏車別論轂輻牙又柏車轂長以行山此車轂短以行澤故知此是大車平地

載任者也鄭知徑尺五寸者以其圍一柯有半四尺半圍三徑一故知徑一尺五寸也輻長一柯有半其博三寸厚三之一注輻厚一寸也故書博或作摶杜子春云當為博渠三柯者三注渠二丈七尺謂罔也其徑九尺鄭司農云渠謂車輮所謂牙釋曰云渠二丈七尺者案上輻長一柯有半兩兩相對則九尺尚有轂空壺中於二丈七尺不合者云輻長一柯有半兩相九尺者通計轂而言其實輻無一柯有半也云所謂牙者謂下文云牙圍也行澤者欲短轂行山者欲長轂短轂則利長轂則安釋曰此揔言大車柏車所利之事以大車在平地苷行澤柏車山行各有所宜也注澤泥苦其大安山險苦其大動釋曰此釋長轂安短轂危之事行澤者反輮行山者

仄輮反輮則易仄輮則完釋曰此經言車牙所宜外內堅濡之事注故書仄爲側鄭司農云反輮謂輪輮反其木裏需者在外澤地多泥柔也側當爲仄山地剛多沙石玄謂反輮爲泥之黏欲得心在外滑仄輮爲沙石破碎之欲得表裏相依堅刃釋曰此注後鄭增成先鄭之義言仄柔者堅者在外柔者在內以其取堅刃相成故也六分其輪崇以其一爲之牙圍注輪高輪徑也牙圍尺五寸釋曰輪崇九尺六尺得一尺三尺得五寸故尺五寸也柏車轂長一柯其圍二柯其輻一柯其渠二柯者三五分其輪崇以其一爲之牙圍釋曰此柏車山行故轂長輪崇又下皆欲取安故也其輻一柯其渠二柯者三者兩輻相對六尺渠圍二

柯者三圍丈八尺亦謂通。注柏車山車輪高六尺牙圍
轂空壼中并轂而言也 注尺二寸 釋曰柏車山車
對大車爲平池之車也牙圍尺二寸者以其輪崇六
尺五分取一五尺取一尺一尺取二寸故尺二寸也大車

崇三柯綆寸牝服二柯有參分柯之二 注大

車平地載任之車轂長半柯者也綆輪庢牝服長八尺謂
較也鄭司農云牝服謂車箱服讀爲負 釋曰云大車
地載任之車轂長半柯者也以其上文云轂長半柯不言
韋名故云轂長半柯者也云綆輪箄者謂輪之四面外一
寸則安言牝服者謂車較即今人謂之平鬲皆有孔內軫
子於其中而又向下服故謂之牝服也是以先鄭云牝服
謂車箱服讀爲負以

羊車二柯有參分柯之一

衆軨所依負然也
注鄭司農云羊車謂車羊門也玄謂羊善也善車若今定
張車較長七尺 釋曰先鄭云羊車謂車羊門也者其言

無所當故後鄭易之也後鄭云羊善也善車若今定張車
雖舉當時漢法以曉人漢世去今久遠亦未知定張車將
何所用但知在宮內所用故差小爲之謂之羊車也案此
羊車較長七尺下柏車較長六尺則羊車大矣而論語謂
大車爲柏車小車爲羊車者以柏車皆說轂輻牙惟羊車
不言惟言較而已是知柏車較雖短轂輻牙則長羊車較
雖長轂輻牙則小故得小車之名也

柏車二柯 注較六尺也柏車輪崇六尺其綆大半寸 釋曰鄭云柏車輪崇六尺其綆大半寸知者以大車輪崇九尺綆一寸此柏車輪崇六尺三分減一明柏車輪崇六尺三分減一其綆亦宜三分減一三分寸之二三分寸之二即大半寸也

凡爲轅三其輪崇參分其長二在前一在後以鑿其鉤

徹廣六尺鬲長六尺 注鄭司農云鉤鉤心鬲謂轅端厭牛領者 釋曰云

凡爲輈者言凡語廣則柏車大車羊車皆在其中輪崇雖不同其輈當各自三其輪崇假令柏車輪崇六尺三之爲轅丈八尺大車輪崇九尺三之爲轅二丈七尺但羊車雖不言輪崇亦三之以爲輈也徹廣六尺者不與四馬車八尺者同徹鬲長六尺者以其兩轅一牛在轅內故使四馬車鬲六尺六寸者以其一轅兩服馬在轅外故鬲長也

弓人爲弓取六材必以其時 注取幹以冬取角以秋絲漆以夏筋膠未聞 釋曰鄭知取幹以冬者見山虞云仲冬斬陽木仲夏斬陰木二時俱得斬但冬時尤善故月令仲冬云日短至伐木取竹箭注云堅成之極時是知冬善於夏故皆冬而言也云取角以秋者下云秋殺者厚故知用秋也絲練以夏者夏時絲孰夏漆尤良故知也筋膠未聞必知六材據此六者皆依下文而說也 六材既聚巧者和之 注聚猶具也 釋曰爲弓須此六材故云聚巧者即此弓人之工者也知之謂

春液角夏治筋之類是也幹也者以爲遠也角也者以爲疾也筋也者以爲深也膠也者以爲和也絲也者以爲固也漆也者以爲受霜露也 注六材之力相得而足 釋曰此一經主論六材在弓各有所用六材相得乃可爲足也 凡取幹之道七柘爲上檍次之檿桑次之橘次之木瓜次之荆次之竹爲下 釋曰此經說弓幹善惡者也 注 鄭司農云檍讀爲億萬之億爾雅曰杻檍又曰檿桑山桑國語曰檿弧箕箙 釋曰引國語者彼爲幽王寵褒姒以至亡國故彼云檿弧箕箙寔亡周國也 凡相幹欲赤黑而陽

聲赤黑則鄉心陽聲則遠根注陽猶清也木之類近根者奴　釋曰此經說相幹善惡之法凡析幹射遠者用埶射深者用直注鄭司農云埶謂形埶假令木性自曲則當反其曲以爲弓故曰審曲面埶玄謂曲埶則宜薄薄則力少直則可厚厚則力多　釋曰此說弓力多少之事凡析幹射遠者用埶者弓弱則宜射遠謂若夾庾之類云射深者用直者弓直則宜射深謂若王弧之類也此注後鄭增成先鄭之義先鄭惟見隨木形埶而用之後鄭則論厚薄力多少之法也二鄭相兼乃具居幹之道菑栗不迆則弓不發注鄭司農云菑讀爲不菑而畬之菑栗讀爲榛栗之栗謂以鋸副析幹迆讀爲倚移從風之移謂邪行絕理者弓發之所從起玄謂栗讀爲裂繻之裂　釋曰居謂居處解析弓幹之法但菑栗皆謂以鋸剖

析弓幹之時不邪也失理則弓後不發傷也先鄭云菑讀爲不菑而畬之菑禮記坊記云不菑畬此畬即耕故爾雅云田一歲曰菑二歲曰新田三歲曰畬菑取彼義也云栗讀爲榛栗之栗者詩云樹之榛栗栗者亦取破之義也讀爲倚移從風之移讀從司馬相如上林賦云倚移從風玄謂栗讀爲裂繻之裂者讀從隱元年左氏傳紀裂繻來逆女彼裂繻字子帛則爲裂破衣義義亦與先鄭大同皆取破義但從裂繻之裂勝從栗以其栗是栗栗堅硬之意於破義爲疏故從裂也

凡相角秋閷者厚春閷者薄稺牛之角直而澤老牛之角紾而昔

注鄭司農云紾讀爲抮縳之抮昔讀爲交錯之錯謂牛角觕理錯也玄謂昔讀履錯然之錯 釋曰上文已言幹訖至此更宜相角但以秋對春以稺對老而言之秋閷者厚謂角厚肉少春殺者薄謂角薄肉多稺牛之角直而澤謂角直而潤澤者

牛之角紾而錯者紾謂理麤錯然不潤澤也先鄭云紾讀爲抮縛之抮者未知讀從何文蓋從俗讀云昔讀爲交錯之錯者讀從詩獻酬交錯玄謂昔讀履然之錯者讀從履卦爻辭

疢疾險中 注牛有久病則角裏傷 釋曰以疢疾爲久病故云牛有久病險傷也中即裏謂角裏傷也

瘠牛之角無澤 注少潤氣 釋曰上云疢疾謂久病即此云瘠者惟瘦瘠非病角則無潤澤也

角欲青白而豐末 注豐大也 釋曰凡牛角善者案下注云本白中青末豐

夫角之本蹙於剈而休於氣是故柔柔故欲其埶也白也者埶之徵也 注蹙近也休讀爲煦鄭司農云欲其形之自曲反以爲弓玄謂色白則埶 釋曰此說角之埶也言角之本近於剈得和煦之氣於剈是故柔柔故欲其形之自曲

次是爲埶也然可以爲弓矣角色白者則埶之徵驗也　夫角之中恒當弓之

畏畏也者必橈橈故欲其堅也青也者

堅之徵也　注故書畏或作威杜子春云當爲威威謂弓淵角之中央與淵相當玄謂畏讀如秦

師入隈之隈　釋曰此說角之堅也子春從故書威後鄭不從而爲隈者威謂威儀不得爲曲中故從隈爲曲隈之

義案僖二十五年秋秦晉伐鄀秦人過析隈鄭以爲入隈　夫角之末遠於剒而

不休於氣是故脃脃故欲其柔也豐末

也者柔之徵也　注末之大者剒氣及煦之　釋曰此說角欲豐末之意云角之末遠

於剒而不休於氣是故脃脃故欲其柔也豐末也者柔之徵也則末不豐者脃末豐則柔柔則不脃可知故鄭云末

之大者剫氣及煦之角長二尺有五寸三色不失理謂之牛戴牛注三色本白中青末豐鄭司農云牛戴牛角直一牛凡相膠欲朱色而昔昔也者深瑕而澤紾而摶廉釋曰上已相幹角次及相膠此云欲朱色窠下鹿膠青白已下准牛膠火赤自餘非純赤則牛膠爲善矣紾而摶廉者謂有紾理而摶圜又廉瑕嚴利注摶圜也廉瑕嚴利也釋曰膠之性段段皆摶圜也廉瑕二者俱是嚴利之狀鹿膠青白馬膠赤白牛膠火赤鼠膠黑魚膠餌犀膠黃注皆謂煑用其皮或用角餌色如餌釋曰云煑用其皮或用角者經惟鹿用皮亦用角今人鹿猶用角自餘皆用皮云餌色如餌者時有餌之色

故從之也凡昵之類不能方注鄭司農云謂膠善戾故書昵或作樴杜子春云樴讀為不義不昵之昵或為䵒䵒黏也玄謂樴脂膏脜敗之脜脜亦黏也　釋曰子春云不義不昵者案隱元年鄭大叔段為不義莊公曰不義不昵厚將崩彼不昵為不親兄弟昵為親近不相捨離後鄭以為還從古書樴音故轉為脂膏敗脜之脜若今人頭髮有脂膏者則謂之脜脜亦黏也凡相筋欲小簡而長大結而澤小簡而長大結而澤則其為獸必剽以為弓則豈異於其獸釋曰上已相角膠次及相筋言此筋之獸剽疾為弓亦剽疾故云豈異於其獸也注剽疾也鄭司農云簡讀為撊然登陴之撊玄謂讀如簡札之簡謂筋條也　釋曰先鄭云簡讀為撊然登陴之撊者讀從左氏傳也義無所取玄謂讀如

簡扎之簡謂筋條也竹簡一片爲一扎此筋條亦有簡別故讀從之也**筋欲敝之敝**注鄭司農云嚼之當孰　釋曰筋之椎打嚼齧欲得勞敝故云嚼之當孰也**漆欲測**注鄭司農云測讀爲惻隱之惻玄謂測讀如測度之測測猶清也　釋曰先鄭云測讀爲惻隱之惻此惻隱爲痛切之義非漆之善狀故後鄭以爲測度之測測清也從水義取漆爲良也**絲欲沈**注如在水中時色　釋曰言絲欲沈則據乾燥時色還如在水湅之色故云如在水中時色**得此六材之全然後可以爲良**注全無瑕病良善也　釋曰全無瑕病者幹角膠筋漆絲六材皆令善而無瑕病然後爲善也

凡爲弓冬析幹而春液角夏治筋秋合三材注三材膠絲漆鄭司農云液讀爲醳　釋曰凡治弓材各於其時言秋合三材膠漆絲則幹角筋須

三材乃合則秋是作弓之時故至冬寒而定體也鄭知三
材是膠漆絲者以經既言幹角及筋六材之中惟少膠漆
絲故知三材謂此也先鄭液讀爲醳者醳
是醳酒之醳亦是漬液之義故讀從之也 **寒奠體** 注奠
讀爲定至冬膠堅内之檠中定往來體 釋曰檠謂弓椏
至寒膠堅而牢故内之檠中定往來體則六弓往體來體
多少者 **冰析灂** 注大寒中下於檠中復内之 釋曰
是也 十二月小寒節大寒中是冰盛之時
故以大寒解冰也云下於檠中復内之者謂復如上寒奠
體内之於檠中相似但上内爲定體而内此爲析灂而内
之所爲有異 **冬析幹則易** 注理滑致 釋曰自此已
故別言也 下重釋上文各以其時之
意 **春液角則合** 注合讀爲洽 **夏治筋則不煩** 注煩
亂 **秋合三材則合** 注合堅密也 **寒奠體則張不**

流注流猶移也　釋曰體既定則後用時雖張不流移謂不失往來之體也冰析灂則

審環注審猶定也　釋曰納之槷中析其漆灂其漆之灂環則定後不鼓動故冰析之也春被

弦則一年之事注朞歲乃可用　釋曰通春被弦則二年之事而云一年者據冰析灂已

前爲一年春被弦是用時不數也析幹必倫注順其理也析角無邪

注亦正之斲目必荼注鄭司農云荼讀爲舒舒徐也目幹節目　釋曰案禮記學記云善

問者如攻堅木先其易者後其節目是斲目必徐之義也斲目不荼則及其

大脩也筋代之受病注脩猶久也　釋曰筋代之受病者以筋在弓皆與

幹爲力必須筋幹相得今弓幹有節目用力不得其所則幹不用力故筋代幹受病以其偏用力故也夫

目也者必強強者在內而摩其筋夫筋之所由幨恒由此作注摩猶隱也故書筋或作薊鄭司農云當爲筋幨讀爲車幨之幨玄謂幨絕起也　釋曰此還重釋筋幹不得所之意先鄭讀幨爲車幨之幨者衛詩云漸車帷裳昏禮亦云婦車亦如二有襜故讀從之後鄭云幨絕起也者由絕起則廉幨然也故角三液而幹再液注重釋治之使相稱　釋曰或三液再液不等者角須三液幹須再液乃得相稱厚其帤則木堅薄其帤則需注需謂不充滿鄭司農云帤讀爲襦有衣絮之絮帤謂弓中裨　釋曰需謂不充滿者需懦不進故爲不充滿謂弓中裨者造弓之法弓幹雖用整木仍於幹上裨之乃得調適也是故厚其液而節

其帤注厚猶多也節猶適也釋曰多其液者謂角幹其裨須節適厚薄得所也約之不皆約疏數必侔注不皆約纏之繳不相次也皆約則弓帑侔猶均也釋曰約謂以絲膠橫纏之今之弓猶然云不皆約謂不次比爲之疏數必侔約之多少須稀疏必均也斲摯必中膠之必均注摯之言致也中猶均也釋曰斲幹厚薄必調均爲之施膠亦均不得偏厚也自此以下說弓之隈裏施膠之事云摩其角謂幹不均而有高下則摩其角斲摯不中膠之不均則及其大脩也角代之受病夫懷膠於內而摩其角夫角之所由挫恒由此作注幹不均則角蹴析也釋曰此揔釋經角代之受病及角之所由挫二事者也凡居

角長者以次需注當弓之隈也長短各稱其幹短者居簫 釋曰云長短各稱其幹復云短者居簫簫謂兩頭則長者自然在隈內可知恒角而短是謂逆橈引之則縱釋之則不校注鄭司農云恒讀爲縆縆之縆玄謂恒讀爲搄搄竟也竟其角而短于淵幹引之角縱不用力若欲反橈然校疾也既不用力放之又不疾 釋曰竟角而短謂施角竟滿兩畔而上下短於隈者也云是謂逆橈者被弦引之時以角寬而短引之角縱不用力若欲反橈然故云引之則縱也釋之則不校者角所以放矢今角不用力故釋放之不校疾也恒角而達辟如終紲非弓之利也注達謂長於淵幹若達於簫頭紲弓䪐角過淵接則送矢太疾若見紲於䪐矣弓有䪐者爲發弦時備頓傷詩云竹䪐緄縢 釋曰先鄭上讀䪐爲縆縆之縆者從俗

也此弓非直兩畔角蕭讀之爲栢角而角又上下長於淵幹如達於簫頭若然則譬如終紲紲謂弓㢮謂弓在㢮中然非弓之利引詩云竹㢮緄縢者緄繩縢繫約之也以竹爲㢮發弦時裨於弓之背上又繩橫繫之使相著㢮與弓爲力備頓傷也

今夫茭解中有變焉故校

注鄭司農云茭讀爲激發之激茭謂弓檠也校讀爲絞而婉之絞玄謂茭讀如齊人名手足掔爲骹之骹茭解謂接中也變謂簫臂用力異校疾也○釋曰記人別起義端故言今夫言茭解中謂弓隈與弓簫角接之處云有變者即異也謂弓簫與臂用力異異者引之則臂中用力放矢則簫用力既用力異故絞絞謂矢去疾也○鄭司至疾也○釋曰先鄭讀茭爲激發之激者當時有激發之語故從俗讀之云茭謂弓檠也者此據用時輒言弓檠於義不合後鄭不從之云絞讀爲絞而婉之絞者按昭元年左氏傳虢之會楚公子圍設服離衛叔孫穆子曰楚公子美矣君哉退會子羽謂子皮曰叔孫

絞而婉故讀從之此後鄭增成其義玄謂茭讀如齊人名手足掔爲骹之骹者時齊人有名手足節掔間爲茭取弓隈與簫角相接名茭也

於挺臂中有柎焉故剽挺直也柎側骨剽亦疾也鄭司農云剽讀爲湖漂絮之漂○釋曰直臂中正謂弓把處有柎焉者謂角弓於把處兩畔有側骨骨堅強所以與弓爲力故剽疾也先鄭云剽讀爲湖漂絮之漂者時有此語從俗讀之

恒角而達引如終紲非弓之利重明達角之不利變譬言引字之誤

橋幹欲孰於火而無贏橋角欲孰於火而無燀引筋欲盡而無傷其力鬻膠欲孰而水火相得然則居旱亦不動居

濕亦不動 注羸過孰也燀炙爛也不動者謂弓也故書燀或作朕鄭司農云字從燀 釋曰此一經明料理幹角筋膠四者得所不得所之事不言漆絲者用力少故不言也 苟有賤工必因角幹之濕以爲之柔善者在外動者在内雖善於外必動於内雖善亦弗可以爲良矣 注苟偷也濕猶生也 釋曰此經說弓幹須外内皆善不得外善内惡者也

凡爲弓方其峻而高其柎長其畏而薄其敝宛之無已應 注宛謂引之也引之不休止常應弦言不罷需也峻謂簫也鄭司農云敝讀爲蔽塞之蔽謂弓人所握持者 釋曰方其峻謂簫簫宜方爲之而

高其弣弣把中高對方則此高者謂爲弣骨宜高爲之長
其隈謂弣之上下宜長爲之而薄其敝敝謂人所握持手
敝之處宜薄爲之有此四善故引之無休止而下弣之
應弦故云宛之無巳應謂常用而不就弦也

弓末應將興注末猶簫也興猶動也發也弓弣卑簫應弦則弣將動釋曰言下爲弣而發必動弣者謂把骨大下爲之由弓隈下短故簫應弦則將動發也

於䋑注䋑接中釋曰此重釋上文末應將興若如上爲弣而發動則接中亦動也

弓而羽䋑末應將發注羽讀爲扈扈緩也接中動則緩緩簫應弦則角幹將發釋曰破羽爲扈者羽於弓義無所取故破從扈也必知此有緩義者以其上文云必動於䋑故知此云羽䋑者當從緩䋑

弓有六材焉維幹強之張如流水注無

難易也 釋曰弓有六材惟以幹爲强者以其幹外五材當依幹而有以幹爲本故指幹爲强張如水流者以幹得所以制五材故張如水流無難易無難易則强弱得所也

維體防之引之中參

注体謂內之於檠中定其體防深淺所止謂體定張之弦居一尺引之又二尺 釋曰云體謂內之於檠中定其體者此亦謂內之檠中則往來體定體定然後防之防之者鄭云深淺所止若王弧之弓往體寡來體多弛之乃有五寸張之一尺五寸張之一尺五寸夾庾之弓往體多來體寡者弛之一尺五寸張之得五寸唐弓大弓往來體若一者弛之一尺張之亦一尺是防之深淺所止云謂體定張之弦居一尺引之又二尺者此據唐大中者而言餘四者弛之張之雖參差不同及其引之皆三尺以其矢長三尺須滿故也

維角定之欲宛而無負弦引之如環釋之無失體如環

注負弦辟戾也負弦則不如環如環亦謂無難易鄭司農云䍃讀如掌距之掌車掌之掌　釋曰云維角䍃之䍃正也謂置角於隈中既正云欲宛而無負弦者引之弓體不辟戾故也云引之如環者亦由無負弦故也云釋之無失體如環者謂放矢後無失體得如環然先鄭云䍃讀如掌距之掌掌距取其正也車掌之掌謂車輢之木亦取正也

材美工巧爲之時謂之叄均角不勝幹幹不勝筋謂之叄均量其力有三均均者三謂之九和　注有三讀爲又叄量其力又叄均者謂若幹勝一石加角而勝二石被筋而勝三石引之中三尺假令弓力勝三石引之中三尺弛其弦以繩緩擐之每加物一石則張一尺故書勝或作稱鄭司農云常言稱謂之不叄均玄謂不勝無負也　釋曰云有三續爲又參者以經上文已云叄均此云三均故宜被三

爲參也上已二文參均此文加一參均當云又參均故破有爲又也云量其力又參均者謂若幹勝一石加角而勝二石被筋而勝三石引之中三尺者此言謂弓未成時幹未有角稱之勝一石後又案角勝二石後更被筋稱之即勝三石引之中三尺者此據幹角筋三者具摠稱物三石得三尺若據初空幹時稱物一石亦三尺更加角稱物二石亦三尺又被筋稱物三石亦三尺鄭又云假令弓力勝三石引之中三尺者此即三石力弓也必知弓力三石者當弛其弦以繩緩擐之者謂不張之別以一條繩繫兩簫乃加物一石張一尺二石張二尺三石張三尺則與前三幹角筋力各一石也先鄭從古書爲稱者欲以不稱爲不參均後鄭不從者此勝即彼負此不勝即彼不負故爲不勝之

解

九和之弓角與幹權筋三侔膠三鋝絲三邸漆三斞上工以有餘下工以不足

注權平也侔猶等也角幹旣平筋三而又與角幹等也鋝鍰也鋝斞輕重未聞　釋曰此說上九和之弓輕重相參不可妄爲加減之事云鋝鍰也者尚書云其罰百鍰之等言鍰此與冶氏言鋝鋝與鍰爲一物皆二之六兩大半兩也鋝斞之輕重未聞經旣無文故云未聞也

爲天子之弓合九而成規爲諸侯之弓合七而成規大夫之弓合五而成規士之弓合三而成規

注材良則句少也　釋曰此據角弓形不張而言案下文及司弓矢六弓爲三等王弓弧弓往體寡來體多當此天子弓合九成規唐弓大弓往來體若一當此諸侯弓合七成規夾弓庾弓往體多來體寡當此大夫之弓合五成規於彼六弓已盡此別云士合三成規則六弓之外弊惡之弓案大射與鄉射大夫士同射五十步侯又同用夾庾無士用合三成規之弓者於此言之者六弓通弊弓有四

等故弊弓暫記士而言其實士不用合三成規之弓也材良則句少據王弧及唐大己上而言也弓長六尺有六寸謂之上制上士服之弓長六尺有三寸謂之中制中士服之弓長六尺謂之下制下士服之注人各以其形貌大小服此弓　釋曰此以弓有長短三等人亦有長短三等而言取其弓與人相稱之事此上士中士下士以長者爲上士次者爲中士短者爲下士皆非命士者故鄭云人各以其形貌大小服此弓也凡爲弓各因其君之躬志慮血氣注又隨其人之情性　釋曰上文據人形爲弓此據人性故鄭云又隨其人之情性也此亦與下文爲目下別以躬與志相配而言也躬即身也志慮據在心血氣據言與舉動也豐肉

而短寬緩以荼若是者爲之危弓危弓爲之安矢骨直以立忿埶以奔若是者爲之安弓安弓爲之危矢注言損贏濟不足危奔猶疾也骨直謂強毅荼古文舒假借字鄭司農云荼讀爲舒 釋曰此經以下說君之躬與志慮弓之所宜者也危弓則夾庾弱者爲言安弓謂王弧之類強者而言若然危矢據恒矢安矢據殺矢者也言損贏濟不足者言豐肉寬緩是不足則危弓濟之危弓爲贏則以安矢損之骨直以忿埶是贏則安弓損之安弓是不足則以危矢濟之其人安其弓安其矢安則莫能以速中且不深注故書速或作數鄭司農云字從速速疾也一舒不能疾而中言矢行短也中又不能深 釋曰上文以安危損益

即於射事爲可此三安而無損益故不可其人危其弓危其矢危

則莫能以愿中注愿愨也三疾不能愨而中言矢行長也長謂過去釋曰此三危亦無損濟故亦不可也云三疾不能愨而中言矢行長也長謂過去者危弓危矢謂夾庾恒矢之等皆射遠兼人且危躁故矢行長過去也

往體多來體寡謂之夾臾之屬利射侯與弋注射遠者用埶夾庾之弓合五而成規侯非必遠顧埶弓者材必薄薄則弱弱則矢不深中侯不落大夫士射侯矢落不獲弋繳射也故書與作其杜子春云當爲與釋曰六弓兩兩相將下文王弓不言弧弓唐弓不言大弓故言之屬今此夾庾并言亦云之屬者夾庾雖並言以夾庾其類非一故亦云之屬也云射遠者用埶者謂審曲面埶夾庾反張多陸曲埶向外弱則射遠不能深則近亦不深故射近侯因

之故鄭云侯非必遠顧埶弓者材必薄薄則弱弱則矢不
深中侯不落者謂弓射遠以其材弱縱射近亦不深故近
侯矢但不落也云大夫士射侯矢落下獲者案大射云中
離維綱揚觸梱復君則釋獲衆則否大夫士矢落侯不獲
故不得用是唐大之等也云弋繳射也者案司弓矢職云
夾弓庾弓以授射豻侯鳥獸者豻侯鳥獸則射侯與弋也
案彼注近射用弱弓則射大侯者用王弧射參侯者用唐
大矣如是君用王弧射大侯大夫用唐大射參侯士用夾
庾射豻侯若然此大夫與士同用夾庾射近侯者據天子
之臣多則三公王子爲諸侯者射熊侯卿大夫士同射豹
侯也若然射七十步侯用
唐大其遠中侯亦不落也　往體寡來體多謂
之王弓之屬利射革與質　注射深者用直此又直焉於射
堅宜也王弓合九而成規弧弓亦然革謂干盾質木椹天
子射侯亦用此弓大射曰中離維綱揚觸梱復君則釋獲

其餘則否　釋曰言王弓之屬則之屬中弧弓及王弧之
葦類也云利射革與質此即司弓矢職云王弓弧弓以授
射甲革椹質者亦一也云天子射侯亦用此弓不言者舉
射革與質有上文弱弓射近可參故不言可知也云大射
曰中離維綱揚觸梱復中謂中侯離猶過也麗也維謂侯
射與左右舌一幅兩相及角亦以綱維持之而繫於柱綱
謂左右舌上畔下畔以一大綱繩各繫於其柱上以持侯
其綱皆出布幅一尋謂之爲綱揚觸梱復者矢高揚而過
侯彼注云揚觸者謂中他物揚而觸侯也梱復謂矢至侯
不著而還復復反也如此五者君則釋獲其餘則否則否
不得獲惟中乃可釋獲

往體來體若一謂之唐弓之屬

利射深

注射深用直唐弓合七而成規大弓亦然春秋傳曰盜竊寶玉大弓　釋曰唐弓之外仍
有大弓故云之屬也案司弓矢職云唐弓大弓以授學射
者使者勞者此不言者亦各舉一邊而言兼有彼事可知

言射深用直唐弓合七而成規者則王弧之弓亦射深用直唐大合七成規則王弧之弓射深可知引春秋者定八年公羊傳文彼以陽虎爲盜竊寶玉大弓彼公羊云寶者何璋判白弓繡質引之者證大弓同也**大和無灂其次筋角皆有灂而深其次有灂而疏其次角無灂**注大和尤良者也深謂灂在中央兩邊無也角無灂謂隈裏　釋曰大和謂九和之弓以其六材俱善尤良故無漆灂也其次筋角皆有灂而深者筋在背角在隈皆有灂但深在其中央兩邊無也其次有灂而疏者以上參之此謂兩邊亦有但疏之不皆有也其次角無灂謂隈裏無灂簫頭**合灂若背手文**注弓表裏灂合處及背有之　若人合手背文相應鄭司農云如人手背文理　釋曰言合灂者謂弓表裏灂漆相合之處若人合手背上文理相應**角環**

瀰牛筋蕡灂麋筋斥蠖灂 注蕡枲實也斥蠖屈蟲也 釋曰此說弓表及弓裏灂文也角環灂謂隈裏灂文如環然牛筋蕡灂者此說弓背用牛筋之漆如麻子文若用麋其灂如斥蠖文云蕡枲實者枲乃牡麻無實而云蕡枲實舉共類爾若葷萄然也斥蠖屈蟲者易云尺蠖之屈以求信是也

和弓轂摩 注和猶調也轂拂也將用弓必先調之拂之摩之大射禮曰小射正授弓大射正以袂順左右隈上再下一 釋曰引大射云大射正以袂順左右隈者以左手横執之時上隈向右下隈向左而上再下一拂去塵乃授與右大射雖不言調亦調可知也

覆之而角至謂之句弓 注句於三體材㢢惡不用之弓也覆猶察也謂用射而察之至猶善也但角善則矢雖疾而不能遠 釋曰此以下論弓有六材角幹筋用力多特言之若三者全善則為左良若一善者為㢢二善者

爲次今此先察一善者至謂苦餘幹筋不善直角善可以
爲句弓云句於三體材墩惡不用之弓也者謂不入上三
文所用之內言矢雖疾而不能遠者上云射遠用執執
是弱弓而射遠但此句弓爲弱於彼雖疾不能射遠也覆
之而幹至謂之侯弓注射侯之弓也幹又善則矢疾而遠釋曰此察次
弓此非直角至兼幹善謂之射侯之弓則上夾庾利近
射與弋言矢疾而遠對上句弓疾而不遠不及侯者也覆
之而筋至謂之深弓注射深之弓也筋又善則矢既疾而遠又深釋曰
此弓三善者也案上文唐大射深則王
弧三善亦射深可知舉中以見上下也

周禮疏卷第五十